Pastor

Lo que la gente dice acerca de
¿Qué es la Teología del Nuevo Pacto? Una Introducción.

"Este pequeño libro es un folleto doctrinal lleno de sencillas y correctas enseñanzas sobre los distintivos de la Teología del Nuevo Pacto (TNP) en cuanto a las siete grandes áreas doctrinales Cristocéntricas. Seguramente será de gran valor a aquellos miembros de la iglesia para los que fue diseñado, escrito por un erudito dotado. Aunque pequeño es un trabajo importante que explica la esencia y la base para un sistema teológico y hermenéutico bíblico más preciso. Está diseñado en un lenguaje conciso y claro para proveer a su audiencia objetivo lo necesario acerca de la TNP en la prolongación del Evangelio. Pastores y profesores están invitados a promover esta clara y adecuada obra."

Gary D. Long,
Th.D., Presidente de la Facultad, Providence Theological
Seminary,
Colorado Springs, CO

"Blake White ha escrito una maravilloso y accesible primicia sobre la Teología del Nuevo Pacto. Algunos piensan que las únicas opciones son el Dispensacionalismo o la Teología del Pacto y ni siquiera han oído sobre la Teología del Nuevo Pacto, este es el libro ideal para regalar a alguien que quiere una breve y convincente explicación del pensamiento del Nuevo Pacto. Recomiendo alegremente esta obra

Thomas R. Schreiner,
Profesor James Buchanan Harrison de Interpretación del
Nuevo Testamento,
The Southern Baptist Theological Seminary,
Louisville, Kentucky

"De una manera muy legible, precisa y clara Blake White cubre las nociones básicas de la Teología del Nuevo Pacto, él distingue amablemente la TNP de la Teología del Pacto y la Dispensacional al mostrar los distintivos de la TNP, pero de una forma que no es complicada ni difícil de entender. En adición para aquellos que usualmente no entienden la TNP esta obra también enseña claramente cuál es el corazón de la TNP y cómo busca entender todo el propósito de Dios de una forma que es coherente a la narrativa propia de la Biblia la cual está centrada en Cristo. Recomiendo altamente esta obra para aquellos que quieren saber más sobre la TNP, para aquellos que quieren pensar profundamente "cómo poner la Biblia en unidad" y mayormente para aquellos que quieren regocijarse en Jesucristo nuestro Señor, nuestro glorioso Mediador y la Cabeza del Nuevo Pacto."

Stephen J. Wellum,
Profesor de Teología Cristiana,
The Southern Baptist Theological Seminary

"Blake White nos ha dado otra obra concisa sobre la Teología del Nuevo Pacto. Su acercamiento es "en grandes pinceladas", esto hace que la obra sea de gran utilidad para alguien que apenas se está familiarizando con la Teología del Nuevo Pacto. El autor afirma su propósito desde el comienzo: 'En este libro quiero resaltar los conceptos principales de la Teología del Nuevo Pacto ... mi propósito es hacer disponibles las nociones esenciales de la Teología del Nuevo Pacto de una manera accesible para los miembros de la iglesia.' Estoy seguro de que el lector se dará cuenta rápidamente de que el autor ha logrado su objetivo."

John G. Reisinger,
Evangelista y Autor

"El libro de A. Blake White *¿Qué es la Teología del Nuevo Pacto? Una introducción* ¡Es exactamente lo que dice ser! En un lenguaje simple y claro White muestra como esta relativamente nueva formulación teológica rastrea el desarrollo del plan de redención de Dios a través de la Biblia hasta su culminación en Jesucristo. Todo lo que Dios ha hecho en Cristo es verdaderamente asombroso, aprehender estas verdades abre nuevas perspectivas de adoración, entendimiento y dirección viviendo una vida agradable al Señor. Si quiere entender mejor el modo propio de la Biblia de presentar el Evangelio este libro es altamente recomendado"

Kirk M. Wellum,
Director, Toronto Baptist Seminary

"Lo que me atrae a esta manera de ver la Escritura es su determinación de usar las palabras de la Biblia para conceptos bíblicos, su compromiso de seguir el desarrollo progresivo de la revelación de Dios y su vista clara de la promesa y cumplimiento en la figura de toda la revelación, Jesucristo. Tengo amigos y héroes en ambos lados de la discusión, pero después de años de estudio bíblico en la materia he llegado a donde el autor ha llegado. Estoy muy agradecido de que Blake White haya puesto sus estudios en nuestras manos y recomiendo este libro como una guía introductoria útil para comprender el objetivo de la Biblia. Yo lo usaré seguido."

Jim Elliff,
Presidente, Christian Communicators Worldwide

"Blake White ha nos ha realizado una gran ayuda al hacer claras las ideas básicas de la Teología del Nuevo Pacto. Al reducirla a estas nociones básicas hará más fácil criticar y corregir. Tanta controversia entre los cristianos se debe a no entender los principios básicos de las cosas que se argumentan, por esta razón yo lo recomiendo a mis hermanos cristianos. ¡También lo recomiendo porque pienso que es correcto!"

Tom Wells,
Autor de *The Christian and the Sabbath*,
The Priority of Jesus Christ, y muchos otros libros.
También es coautor de *New Covenant Theology*.

"Este libro llega al corazón del debate sobre la Teología del Nuevo Pacto. Recomiendo este libro por lo claro y conciso que es en asuntos clave y estoy especialmente entusiasmado por su tono conciliador. Que el Señor lo use para mover la discusión adelante."

Jason C. Meyer,
Profesor Asociado de Nuevo Testamento,
Bethlehem College and Seminary

"Si quiere un libro que llegue al núcleo de la Teología del Nuevo Pacto este es. Cuando alguien le pregunte que le explique la TNP usted tiene ahora una herramienta concisa para poner en sus manos. Blake White ha compuesto un mapa de ayuda para navegar en los tres acercamientos interpretativos principales de la Biblia. No sólo lo lea, dé copias a aquellos que necesitan recordar que Cristo es todo en todo.

Douglas Goodin,
Presidente,
Cross to Crown Ministries, Colorado Springs, CO

"Blake nos ha dado una primicia básica de la Teología del Nuevo Pacto que reposa en las verdades fundamentales de este sistema de verdad bíblica. Este libro es fácil de continuar y de leer. La fuerza del libro es su clara explicación de la diferencia entre el Antiguo Pacto y el Nuevo Pacto, esta diferencia entre los dos pactos describe la esencia de lo que es la Teología del Nuevo Pacto y por qué es tan diferente de la Teología del Pacto y el Dispensacionalismo."

Geoff Volker,
Director de In-Depth Studies, Tempe, AZ

¿QUÉ ES LA TEOLOGÍA DEL NUEVO PACTO?

UNA INTRODUCCIÓN

———————————

A. Blake White

Otros libros de A. Blake White:

The Newness of the New Covenant
The Law of Christ: A Theological Proposal
Galatians: A Theological Interpretation
*Abide in Him: A Theological Interpretation
of John's First Letter*
Union with Christ: Last Adam & Seed of Abraham
Theological Foundations for New Covenant Ethics
The Abrahamic Promises in the Book of Galatians
Missional Ecclesiology

¿QUÉ ES LA TEOLOGÍA DEL NUEVO PACTO?

UNA INTRODUCCIÓN

———————————

A. Blake White

NEW**C**OVENANT
M E D I A

5317 Wye Creek Drive, Frederick, MD 21703-6938
301-473-8781 | info@newcovenantmedia.com
www.NewCovenantMedia.com

¿Qué es la Teología del Nuevo Pacto? Una Introducción

Copyright 2014 © A. Blake White

Publicado por: New Covenant Media
  5317 Wye Creek Drive
  Frederick, MD 21703-6938

Traducido al español por: Ali Strickler and
  Daniel Guzmán

Diseño de la portada por: Matthew Tolbert

Impreso en los Estados Unidos de América

ISBN 13: 978-1-928965-61-9

Para John G. Reisinger:

Apoyándome en ti, hermano.
Estoy agradecido por tu fidelidad.

Tabla de Contenidos

Introducción

La Teología del Nuevo Pacto es un sistema de desarrollo teológico que busca dejar que la Biblia informe nuestra teología. Esto suena básico y casi todos los sistemas de teología dicen que su sistema es basado en la Biblia. Como espero mostrarles la Teología del Nuevo Pacto es el sistema de teología que permite a la Biblia tener la "palabra final" más consistentemente. Mientras el Dispensacionalismo se basa en presuposiciones proveídas por la Biblia de referencia Scofield y la Teología del Pacto en la confesión Westminster, la Teología del Nuevo Pacto no tiene ningún documento exterior que debe ser impuesto al texto de la Escritura. Intenta dejar que el texto sagrado hable en *sus propios términos.*

Actualmente hay tres sistemas principales de teología dentro de la cristiandad evangélica que tratan la materia de la historia redentora: la Teología del Pacto, el Dispensacionalismo y la Teología del Nuevo Pacto. Así sean conscientes o no todos los cristianos caen normalmente dentro de uno de estos res sistemas (o quizá una combinación de ellos). Cada sistema tiene su propia manera de relatar el Antiguo Pacto y el Nuevo Pacto.

Hablando *generalmente* la Teología del Pacto enfatiza una continuidad entre los Pactos a expensas de la discontinuidad, ya que la confesión de fe de Westminster está estructurada alrededor de la Teología del Pacto mayormente son presbiterianos los que se adhieren a ella, aunque otros se adhieren cercamente a ella también (ej., los Bautistas Reformados)

El Dispensacionalismo por el otro lado *tiende* a enfatizar discontinuidad entre los Pactos a expensas de la continuidad. Son mayormente iglesias bíblicas las que se adhieren a este sistema de teología, pero ciertamente no se limita a ellas. En América el Dispensacionalismo es por mucho el más popular de los tres sistemas debido en gran parte a su adopción temprana en el movimiento Fundamentalista, la grandemente influyente Biblia de referencia Scofield, predicadores te radio y televisión y el mercadeo popular a través de libros de ficción y películas.

La Teología del Nuevo Pacto acomoda ambas la continuidad y la discontinuidad. Sostiene que el Nuevo Pacto con lo que fue anterior, pero es *nuevo*. La Teología del Nuevo Pacto es sostenida por aquellos en la tradición de la "iglesia de creyentes": aquellas iglesias enfatizan el bautismo de los creyentes y creen la comunidad del Nuevo Pacto consta de creyentes. La etiqueta "Teología del Nuevo Pacto" es relativamente nueva, pero no es un nuevo método de interpretación. Muchos de los padres de la iglesia primitiva, los anabaptistas, y también otras figuras importantes en la historia de la iglesia "colocan la Biblia en unidad" de una manera similar.

En este libro quiero resaltar los conceptos principales de la Teología del Nuevo Pacto. Habrá puntos en donde sueno como un Teólogo del Pacto y puntos donde sueno más como un Dispensacionalista, pero tomado como un todo estas nociones esenciales son únicamente Teología del Nuevo Pacto. Hay muchas más cosas que podrían decirse, pero *mi propósito es hacer disponibles las nociones esenciales de la Teología del Nuevo Pacto de una manera accesible para los miembros de la iglesia.* Asuntos teológicos como el milenio,[1] a quién se refiere

Romanos 11:26 de quienes son "todo Israel", si hay o no un Pacto pre-caída en Génesis 1-3 y el cese o continuación de las lenguas y la profecía no serán tratados aquí. Hay espacio para desacuerdo sobre estos asuntos entre la Teología del Nuevo Pacto.

Así que, ¿por qué es la Teología del Nuevo Pacto importante? ¿Por qué es necesaria? *Jesús* es el gran asunto. Colosenses 1:16 dice que todas las cosas fueron creadas para Jesús. Él es el centro del universo y el centro de la Biblia. Cristo es el *pináculo* de la revelación, ¡Él es el Rey! Esto tiene implicaciones para sus palabras, debemos tomar *sus* palabras con una gran seriedad. Interpretamos y aplicamos todo pasaje de la Escritura a la luz de Él. Así como 2 Corintios 1:20 dice "Pues tantas como sean las promesas de Dios, en Él *todas* son sí; por eso también por medio de Él, Amén, para la gloria de Dios por medio de nosotros." Esto tendrá implicaciones teológicas inevitables y me parece que únicamente la Teología del Nuevo Pacto hace justicia a la autoridad y centralidad de Jesús. Espero mostrar porqué en las siguientes páginas.

También es importante luchar con este asunto teológico porque *muchos* pasajes en el Nuevo Testamento tratan con la continuidad y discontinuidad entre el Antiguo y el Nuevo Pacto. Sólo piense cuántas veces la relación entre los judíos y los gentiles es tratada en las páginas del Nuevo Testamento. Subrayando esos conflictos relacionales está el asunto de cómo interpretar y aplicar el Antiguo Testamento a la luz de la venida de Jesucristo.

Finalmente quiero recalcar que esta es una discusión "interna." Al final del día somos hermanos y hermanas unidos en Cristo. La última cosa que necesitamos en la iglesia es arrogancia y justicia propia. Estamos de acuerdo en "las grandes", las nociones fundamentales de la fe. Debemos ser apropiadamente balanceados y mantener las "cosas principales" como las cosas principales. Donde aterrice en este asunto no es una prueba de ortodoxia, habiendo dicho eso pienso que la Teología del Nuevo Pacto es el sistema de teología más consistente con el principio protestante de *sola Scriptura* (sólo la Escritura) y estoy seguro de que esta discusión es una de la cual muchos cristianos se pueden beneficiar.

Capítulo 1:
Un plan de Dios centrado en Jesucristo

¡Jesucristo es el centro de todas las cosas! Él es el centro de la historia redentora, todas las cosas apuntan a Él. Como lo pone Colosenses 1:16 "Porque en Él fueron creadas todas las cosas, *tanto* en los cielos *como* en la tierra, visibles e invisibles; ya sean tronos o dominios o poderes o autoridades; todo ha sido creado por medio de Él y para Él." Todas las personas, eventos e instituciones del Antiguo Testamento encuentran su culminación en Cristo. Jesús es el último Adán (Rom. 5:12-21; 1 Cor. 15:45), el segundo hombre (1 Cor. 15:47), la verdadera imagen de Dios (2 Cor. 4:4), la semilla de Abraham (Gal. 3:16), el sacrificio final (Rom. 3:25; Jn. 1:29), el profeta autoritativo como Moisés (Dt. 18:15; Hch. 3:22), nuestra Pascua (1 Cor. 5:7), aquel que trae el nuevo Éxodo (Lucas 9:31), el inaugurador del Nuevo y mejor Pacto (Lucas 22:20, el verdadero tabernáculo (Jn. 1:14), el sacerdote eterno según la orden de Melquisedec (He. 7), el templo del fin de los tiempos (Jn. 2:19), el fiel hijo de David (Mat. 1:1), el Rey ungido con el Espíritu (Mat 3:16-17) y el siervo sufriente (1 Pd. 2:24). Dios tiene un plan y ese plan está centrado en Jesús el Mesías.

La Teología del Pacto está de acuerdo con la Teología del Nuevo Pacto en que hay un plan de Dios, pero ellos hablan de este plan en términos del "Pacto de gracia." Esta es una categoría teológica usada para mostrar la supuesta continuidad entre los pactos de la Escritura. El problema es que la Biblia nunca usa tal término para describir el plan de Dios, más bien usa la palabra "plan" y "propósito". La Biblia también habla de Pactos (plural) [2] y no de un Pacto singular.

El peligro de usar una categoría teológica que no se encuentra en la Escritura es que podemos eventualmente ser forzados a distorsionar las Escrituras mismas para poder acomodarla. Una persona puede no-intencionalmente terminar torciendo la Biblia para hacer que diga lo que encaja con su sistema, en vez de dejar que la Biblia nos informe y fije la agenda para su sistema. En mi opinión esto es exactamente lo que "Pacto de gracia" hace, tiende a conectar el Antiguo y el Nuevo Pacto sin hacer justicia a ninguno de los Pactos en su contexto bíblico. Para mantener la categoría hecha por el hombre de "Pacto de gracia" los Teólogos del Pacto enfatizan continuidad dentro del plan de Dios inclusive cuando hay discontinuidad. Veremos ejemplos específicos en el capítulo cuatro.

La Teología del Nuevo Pacto intenta limitarse a usar el lenguaje de la Biblia. Efesios 1:8-19 es un texto muy importante para nuestro sistema: "que Dios nos dio en abundancia con toda sabiduría y entendimiento. Él nos hizo conocer el misterio de su voluntad conforme al buen propósito que de antemano estableció en Cristo, para llevarlo a cabo cuando se cumpliera el tiempo: reunir en él todas las cosas, tanto las del cielo como las de la tierra." (NVI) Dios tiene una voluntad/propósito/plan y es hacer a Jesús central en todas las cosas. Como veremos hay tanto continuidad y discontinuidad (radical) dentro del único plan de Dios. Espero mostrar que Dios tiene un plan singular con múltiples pactos y que hay una distinción formal dentro del Antiguo y el Nuevo Pacto. [3]

Algunos Dispensacionalistas enseñan que Dios tiene dos planes: uno para Israel y otro para la iglesia. La iglesia es tomada como un paréntesis en el plan de Dios. Una vez que la edad de la iglesia termine Dios retomará su plan con Israel en un milenio futuro. La esencia del Dispensacionalismo es la distinción entre Israel y la iglesia. [4]

La historia de la Biblia no es la historia del Pacto de gracia ni tampoco la historia de Israel. La Biblia es la historia del trabajo de Dios en la historia para resumir todas las cosas en Cristo. La Teología del Nuevo Pacto intenta mantener ese único plan de Dios –centrado en Jesucristo- primeramente.

Capítulo 2:
El Antiguo Testamento debe ser interpretado a la luz del Nuevo Testamento

Aprendemos cómo interpretar el Antiguo Testamento de Jesús y sus apóstoles. De muchas maneras este es el distintivo más importante de la Teología del Nuevo Pacto. Hebreos 1:1-2 dice "Dios, habiendo hablado hace mucho tiempo, en muchas ocasiones y de muchas maneras a los padres por los profetas, en estos últimos días nos ha hablado por *su* Hijo, a quien constituyó heredero de todas las cosas, por medio de quien hizo también el universo." Dios se ha revelado a Él mismo a través del tiempo (progresivamente) y su revelación ha llegado al clímax en Jesucristo. Ahora toda revelación anterior debe ser entendida a la luz de esta centralidad. Lucas registra que Jesús empezó con Moisés y con *todos* los profetas y los salmos, interpretando a sus seguidores de Emaús las cosas acerca de Él (Lucas 24:27, 44). En Juan 5 Jesús le contó a los judíos que las Escrituras daban testimonio de Él (5:39). Los creyentes del Nuevo Pacto deben acercarse al Antiguo Testamento con "lentes de Jesús" firmemente en su lugar.

Debemos intentar leer la narrativa del Antiguo Testamento del mismo modo que los apóstoles lo hicieron. Dios no se reveló a Él mismo todo a la vez, pero extendió la historia sobre el tiempo. La revelación es progresiva, la historia importa. Vemos a los apóstoles tomar nota de la narrativa del Antiguo Testamento en algunos lugares claves del Nuevo Testamento. No nos tomaremos el tiempo de explicar los detalles de qué está sucediendo en cada referencia, pero note los indicadores de tiempo que nos son dados: En Gálatas 3 Pablo señala la importancia de darse cuenta de que la ley vino 430 años *después* de la promesa hecha a Abraham (Gal. 3:17) La Ley fue añadida *hasta* que el Mesías debiera venir (Gal. 3:19). En Romanos 4 el apóstol señala que Abraham fue contado justo *antes* de que fuera circuncidado, él escribe "No siendo circunciso, sino siendo incircunciso." (Rom. 4:10) La progresión de la historia es muy importante para el argumento de Pablo en estos dos capítulos.

El autor de Hebreos también lee la Biblia *cronológicamente.* En Hebreos 3-4 él resalta la importancia del hecho de que el Salmo 95 habla del "hoy" mientras el descanso fue dado a Josué de vuelta en Números. Él escribe "Porque si Josué les hubiera dado reposo, *Dios* no habría hablado de otro día *después de ése.*" (He. 4:8 énfasis mío). Es importante para el punto que el autor de Hebreos está haciendo que el Salmo 95 venga, en sus palabras, "después de mucho tiempo" (He. 4:7) que Números en la narrativa histórica. El autor de Hebreos hace un punto similar en el capítulo 7 refiriéndose a la referencia de Melquisedec en Génesis 14 y en el Salmo 110. En Hebreos 7:28 leemos "Porque la ley designa como sumos sacerdotes a hombres débiles, pero la palabra del juramento [es decir, el Salmo 110], que vino después de la ley, *designa* al Hijo, hecho perfecto para siempre." La mención de Melquisedec en el Salmo 110 viene *después* de la mención en Génesis 14. Los apóstoles se dieron cuenta de que Dios se reveló a

Él mismo a lo largo del tiempo. La Teología del Nuevo Pacto intenta seguir su método interpretativo.

Algunas interpretaciones Dispensacionales del Antiguo Testamento están en desacuerdo con las interpretaciones de los apóstoles. Cuando eso sucede uno debería rápidamente volver al punto de partida. Los apóstoles fueron inspirados por el Espíritu Santo (2 Pd. 1:21) y por lo tanto son guías autoritativas. Sería de ayuda ver varios ejemplos bíblicos.

Las promesas de tierra

¿Cómo entendieron los apóstoles la tierra prometida a Israel? ¿Acaso ellos vieron el pueblo judío siendo restaurado a Jerusalén? Alguien busca en vano tal enseñanza en el Nuevo Testamento. En Romanos 4:13 Pablo dice que ¡a Abraham le fue prometido el *mundo!* El texto dice "Porque la promesa a Abraham o a su descendencia de que él sería heredero del mundo." No deberíamos restarle importancia a esto, sino que deberíamos parar y preguntarnos qué está enseñando el Espíritu Santo a través de Pablo aquí. Pablo es lo que llamaríamos un *teólogo bíblico,* él interpreta el Antiguo Testamento a la luz de Jesús. Después de su experiencia camino a Damasco nada fue igual para Pablo. Ahora él lee las Escrituras de Israel a la luz de la Cruz y la resurrección. Él ve todo en el Antiguo Testamento como *profético,* es decir, apuntando adelante hacia Jesús y al Nuevo Pacto que Él inauguro.

Así que ahora cuando Pablo piensa sobre la promesa de la "tierra" él mira tanto para atrás como para adelante. La promesa de la tierra dada a Abraham está arraigada a los propósitos originales de Dios en la creación, y los propósitos originales de Dios en la creación apuntaban a los propósitos eventuales de Dios de una nueva creación. La creación original apuntaba a la nueva creación. Edén apuntaba a lo que Dios eventualmente haría: el _Nuevo_ Edén. Jerusalén apuntaba a la _Nueva_ Jerusalén. Pablo veía la tierra como un _tipo_ que apuntaba hacia la nueva creación, ¡el mundo entero! El autor de Hebreos concuerda, él dice que Abraham "esperaba la ciudad que tiene cimientos, cuyo arquitecto y constructor es Dios." (He. 11:10), él estaba buscando el Monte Sión "la ciudad del Dios vivo, la Jerusalén celestial" (He. 12:22)

¿Significa esto que Dios no le cumplió su promesa a Abraham? Al contrario, ¡La elevó inmensurablemente! En cuanto a la naturaleza de la promesa dada a Abraham el erudito del Antiguo Testamento Christopher Wright da la siguiente ilustración de ayuda:

> Imagine un padre quien en los días anteriores al transporte mecanizado le promete a su hijo de 5 años que cuando tenga 21 le daría un caballo para él solamente. Mientras tanto el carro a motor es inventado. Así que en su cumpleaños número 21 el hijo despierta y encuentra un carro a motor afuera "con amor, de Papá." Sería un hijo extraño si acusara a su padre de romper la promesa sólo porque no había caballo. Y más extraño aún si a pesar de haber recibido el por mucho superior carro a motor el hijo insistiera que la promesa sólo sería cumplida si el caballo _también_ se materializara ya que esa fue la promesa literal. Es obvio que con el cambio de circunstancias, desconocido en la época en que la promesa fue hecha, el padre puede más que cumplir promesa. De hecho lo ha hecho de tal modo que _supera_ las palabras originales de la promesa que estaban necesariamente limitadas al modo de transporte disponible en esa época. La promesa fue hecha en términos entendidos en la época. Fue cumplida a la luz de los nuevos eventos históricos. [5]

Dios mantendrá su promesa a Abraham. Abraham y sus hijos tendrán una tierra, de hecho, ellos eventualmente heredarán el mundo entero y reinarán con Cristo por siempre.

El Don del Espíritu

Sorprendentemente Pablo también dice que a Abraham le fue prometido el Espíritu Santo. Gálatas 3:14 dice que Cristo nos redimió "a fin de que en Cristo Jesús la bendición de Abraham viniera a los gentiles, para que recibiéramos la promesa del Espíritu mediante la fe." ¿Cómo pudo Pablo decir esto? No leemos nada acerca del Espíritu Santo en esos capítulos en Génesis ¿o sí? De nuevo debemos recordar que Pablo ve todo el Antiguo Testamento a la luz del Nuevo Pacto. Pablo fue un Teólogo del *Nuevo Pacto*. El leyó las promesas Abrahámicas a la luz de las promesas del Nuevo Pacto.

Hay dos aspectos primarios del Nuevo Pacto que lo hacen *Nuevo*: (1) perdón de pecados completo y final, y (2) el derramamiento del Espíritu Santo sobre todos los creyentes de la comunidad del Nuevo Pacto. Desenvolveremos eso más adelante, pero ahora vale la pena citar dos pasajes proféticos clave aquí:

> *He aquí, vienen días —declara el SEÑOR— en que haré con la casa de Israel y con la casa de Judá un nuevo pacto, no como el pacto que hice con sus padres el día que los tomé de la mano para sacarlos de la tierra de Egipto, mi pacto que ellos rompieron, aunque fui un esposo para ellos —declara el SEÑOR; porque este es el pacto que haré con la casa de Israel después de aquellos días —declara el SEÑOR—. Pondré mi ley dentro de ellos, y sobre sus corazones la escribiré; y yo seré su Dios y ellos serán mi pueblo. Y no tendrán que enseñar más cada uno a su prójimo y cada cual a su hermano, diciendo: "Conoce al SEÑOR",*

porque todos me conocerán, desde el más pequeño de ellos hasta el más grande —declara el SEÑOR— pues perdonaré su maldad, y no recordaré más su pecado. (Jer. 31:31-34)

'*Entonces os rociaré con agua limpia y quedaréis limpios; de todas vuestras inmundicias y de todos vuestros ídolos os limpiaré.* '*Además, os daré un corazón nuevo y pondré un espíritu nuevo dentro de vosotros; quitaré de vuestra carne el corazón de piedra y os daré un corazón de carne.* '*Pondré dentro de vosotros mi espíritu y haré que andéis en mis estatutos, y que cumpláis cuidadosamente mis ordenanzas. (Ez. 36:25-27)*

Pablo lee las promesas hecha a Abraham a través de los lentes de las grandes promesas del Nuevo Pacto en Jeremías 31 y Ezequiel 36. El Pacto Abrahámico encuentra su máximo cumplimiento en el Nuevo Pacto. Este es el único modo para que lo que dice Pablo en Gálatas 3:14 tenga sentido cuando dice que la bendición prometida a Abraham incluía el regalo del Espíritu. Por eso también puede escribir esto "Por consiguiente, sabed que los que son de fe, éstos son hijos de Abraham. Y la Escritura, previendo que Dios justificaría a los gentiles por la fe, anunció de antemano las buenas nuevas a Abraham, *diciendo*: EN TI SERÁN BENDITAS TODAS LAS NACIONES. Así que, los que son de fe son bendecidos con Abraham, el creyente." (Gal. 3:7-9). Aquí Pablo dice que parte de la bendición a las naciones era la justificación (el perdón de pecados). Todas las naciones son bendecidas a través de Abraham siendo justificadas por fe. Ya que Pablo tiene todo el Antiguo Testamento en mente él puede ver las bendiciones del Pacto Abrahámico incluyendo el perdón de pecados (i.e., la justificación) prometida por Jeremías y el regalo del Espíritu prometido por Ezequiel.

La verdadera descendencia de Abraham

En Gálatas 3:16 Pablo continúa su interpretación Cristo-céntrica. Él escribe allí "Ahora bien, las promesas fueron hechas a Abraham y a su descendencia. No dice: y a las descendencias, como *refiriéndose* a muchas, sino *más bien* a una: y a tu descendencia, es decir, Cristo." Las promesas dadas a Abraham fueron para él y para Jesús. Jesús es la semilla final de Abraham, Él es el verdadero Israelita. De nuevo Pablo ve todo el Antiguo Testamento encontrando su clímax en Jesús. Los judíos fieles estaban esperando a esta semilla singular para venir y destruir el mal. Génesis 3:25 prometió que la cimiente de la mujer aplastaría la cabeza de la serpiente, esto fija la trama de la Biblia. ¿Quién sería esta cimiente? Como vemos a Abraham le fue prometida una descendencia por medio de la cual todas las naciones serían bendecidas (Gen. 12:1-3). Génesis 49:10 nos dice que el cetro no se apartaría de la tribu de Judá. Más adelante siguiendo la narrativa vemos que Dios le dice a David que él levantará su semilla (o descendencia) y establecerá su reino por siempre (2 Sm. 7:12-13), esta semilla prometida sería un hijo de David. Continuando la historia una vez más ¿Con qué inicia el primer versículo del primer libro del Nuevo Testamento? Mateo 1:1 "Libro de la genealogía de Jesucristo, hijo de David, hijo de Abraham." Pablo y Mateo ven las promesas de la semilla de Abraham a la luz de la historia entera de la Escritura.

Considere algunos ejemplos más en donde el Nuevo Testamento cita el Antiguo Testamento:

Joel 2:28-32

"Y sucederá que después de esto, derramaré mi Espíritu sobre toda carne; y vuestros hijos y vuestras hijas profetizarán, vues-

tros ancianos soñarán sueños, vuestros jóvenes verán visiones. Y aun sobre los siervos y las siervas derramaré mi Espíritu en esos días. Y haré prodigios en el cielo y en la tierra: sangre, fuego y columnas de humo. El sol se convertirá en tinieblas, y la luna en sangre, antes de que venga el día del SEÑOR, grande y terrible. Y sucederá que todo aquel que invoque el nombre del SEÑOR será salvo; porque en el monte Sion y en Jerusalén habrá salvación, como ha dicho el SEÑOR, y entre los sobrevivientes estarán los que el SEÑOR llame."

Si solo tuviéramos Joel y los otros libros del Antiguo Testamento sería razonable concluir que Judá necesita volver al Señor para ser entregado físicamente en día del Señor. En otras palabras, Judá ganaría libertad nacional y política. Estas maravillas en los cielos no parecen haber pasado todavía así que también sería razonable concluir que esto debe estar apuntando hacia un día futuro. Afortunadamente no tenemos simplemente el Antiguo Testamento, tenemos apóstoles inspirados que dan un comentario sobre la promesa de Joel. En Hechos 2:14-21 encontramos a Pedro interpretando la profecía de Joel en su sermón de pentecostés. El declara:

"Entonces Pedro, poniéndose en pie con los once, alzó la voz y les declaró: Varones judíos y todos los que vivís en Jerusalén, sea esto de vuestro conocimiento y prestad atención a mis palabras, porque éstos no están borrachos como vosotros suponéis, pues apenas es la hora tercera del día; sino que esto es lo que fue dicho por medio del profeta Joel: Y SUCEDERÁ EN LOS ÚLTIMOS DÍAS —dice Dios— QUE DERRAMARE DE MI ESPÍRITU SOBRE TODA CARNE; Y VUESTROS HIJOS Y VUESTRAS HIJAS PROFETIZARAN, VUESTROS JÓVENES VERÁN VISIONES, Y VUESTROS ANCIANOS SOÑARAN SUEÑOS; Y AUN SOBRE MIS SIERVOS Y SOBRE MIS SIERVAS DERRAMARE DE MI ESPÍRITU EN ESOS DÍAS, y profetizarán. Y MOSTRARE PRODIGIOS ARRIBA EN EL CIELO Y SEÑALES ABAJO EN LA TIERRA: SANGRE, FUEGO Y COLUMNA DE HUMO. EL SOL SE CONVERTIRÁ EN TINIEBLAS Y LA LUNA EN SANGRE,

*ANTES QUE VENGA EL DÍA GRANDE Y GLORIOSO DEL SEÑOR.
Y SUCEDERÁ QUE TODO AQUEL QUE INVOQUE EL NOMBRE DEL SE-
ÑOR SERÁ SALVO."*

Pedro dice que "esto es lo que fue dicho por el profeta
Joel." ¿Escucharemos a Pedro? ¿Seguiremos su interpretación de Joel inspirada por Dios (2 Tim. 3:16)? Pedro dice que
la profecía de Joel es completada al ser derramado el Espíritu sobre judíos y gentiles. Pedro dice que todos –sin importar su etnia– que invoquen el nombre del Señor serán salvos.
¿Estaba hablando Pedro de un rescate físico de una plaga de
langostas? No, ¡él se estaba refiriendo al perdón de pecados
para tanto los judíos como para los gentiles (Hch. 2:38)! Deberíamos tomar su interpretación *literalmente.*

No sorprendentemente Pablo está de acuerdo con Pedro.
En Romanos 10:12-13 él cita Joel 2:32: "Porque no hay distinción entre judío y griego, pues el mismo *Señor* es Señor de
todos, abundando en riquezas para todos los que le invo-
can; porque: TODO AQUEL QUE INVOQUE EL NOMBRE DEL SE-
ÑOR SERÁ SALVO." De nuevo, Pablo no se está refiriendo al
rescate físico de Judá, sino al perdón de pecados para judíos
y gentiles por igual.

Amós 9:11-14

*"En aquel día levantaré el tabernáculo caído de David, repararé
sus brechas, levantaré sus ruinas, y lo reedificaré como en tiempo pasado, para que tomen posesión del remanente de Edom y de todas las
naciones donde se invoca mi nombre —declara el SEÑOR, que hace esto. He aquí, vienen días —declara el SEÑOR— cuando el arador al-
canzará al segador, y el que pisa la uva al que siembra la semilla;
cuando destilarán vino dulce los montes, y todas las colinas se derre-*

tirán. Restauraré el bienestar de mi pueblo Israel, y ellos reedificarán las ciudades asoladas y habitarán en ellas; también plantarán viñas y beberán su vino, y cultivarán huertos y comerán sus frutos.

Si esto fuera todo lo que tuviéramos podríamos concluir que Dios planeaba restaurar "literalmente" la nación de Israel en el día del Señor, pero recuerde que la revelación de Dios de su plan se desenvuelve *progresivamente*. Santiago nos ayuda aquí. En Hechos 15:16-28 él cita Amós 9:11-12 para referirse a la reunión de los elegidos de Dios, judíos y gentiles. Santiago nota que Dios ha intervenido y visitado los gentiles para "tomar de entre los gentiles un pueblo para su nombre. Y con esto concuerdan las palabras de los profetas" después cita Amós (Hch. 15:14-18). Ahora debemos preguntarnos de nuevo ¿Nos iremos con Santiago o insistiremos en nuestro propio acercamiento interpretativo? Parece más prudente aprender cómo interpretar el Antiguo Testamento de Jesús y sus apóstoles guiados por el Espíritu.

Muchos otros pasajes podrían nombrarse, pero espero que con esta muestra haya mostrado lo importante que es darse cuenta que Dios se ha revelado a lo largo del tiempo. La revelación es *progresiva.* Toda la Escritura anterior debe ser vista a la luz de Jesús y sus apóstoles. El padre nos ha dicho que escuchemos a: su Hijo amado. ¿Recuerda la historia de la transfiguración? Es fascinante. Moisés estuvo ahí representando a la Ley, y Elías estuvo ahí representando los profetas. El Padre dice de Jesús "Este es mi Hijo amado en quien me he complacido; a El oíd." (Mt. 17:5) Entonces los discípulos se arrodillaron del miedo. Mateo nos dice que cuando Jesús los tocó ellos alzaron sus ojos y "no vieron a nadie, sino a Jesús solo." ¡Él es la clave para interpretar toda la Biblia!

Capítulo 3:
El Antiguo Pacto era
temporal por diseño divino

Otro distintivo clave de la Teología del Nuevo Pacto es que creemos que el Antiguo Pacto, como un todo, era temporal por *diseño divino*. Dios *propuso* que fuera un Pacto provisional, un paréntesis en la historia redentora. Este es otro modo de decir que el Nuevo Pacto realmente es *nuevo*. El Nuevo Testamento es muy claro en que los cristianos del Nuevo Pacto no están más bajo la Ley de Moisés. Examinemos un número de pasajes que lo aclaran:

1 Corintios 9:20-21—*"A los judíos me hice como judío, para ganar a los judíos; a los que están bajo la ley, como bajo la ley (aunque yo no estoy bajo la ley) para ganar a los que están bajo la ley; a los que están sin ley, como sin ley (aunque no estoy sin la ley de Dios, sino bajo la ley de Cristo) para ganar a los que están sin ley."*

Note que Pablo señala tres tipos de personas aquí:

- Aquellos bajo la ley (judíos)
- Aquellos que están sin ley (gentiles)
- Aquellos que no están sin Ley de Dios, sino que están bajo la Ley de Cristo (cristianos del Nuevo Pacto)

Pablo no se ve como judío o gentil, sino como *cristiano*. Él no está bajo la Ley (la Ley del Antiguo Pacto de Moisés), pero tampoco está sin Ley de Dios. Él no está libre de la Ley de Dios sino que está "bajo la ley de Cristo" (*ennomos Christou*). Pablo quiere que sus oyentes sepan que sólo porque no está bajo la Ley Mosaica quiere decir que ahora vive como quiere. No, él está ahora bajo la jurisdicción de Jesús.

2 Corintios 3:5-11—"_no que seamos suficientes en nosotros mismos para pensar que cosa alguna procede de nosotros, sino que nuestra suficiencia es de Dios, el cual también nos hizo suficientes como ministros de un nuevo pacto, no de la letra, sino del Espíritu; porque la letra mata, pero el Espíritu da vida. Y si el ministerio de muerte grabado con letras en piedras fue con gloria, de tal manera que los hijos de Israel no podían fijar la vista en el rostro de Moisés por causa de la gloria de su rostro, que se desvanecía, ¿cómo no será aún con más gloria el ministerio del Espíritu? Porque si el ministerio de condenación tiene gloria, mucho más abunda en gloria el ministerio de justicia. Pues en verdad, lo que tenía gloria, en este caso no tiene gloria por razón de la gloria que lo sobrepasa. Porque si lo que se desvanece_ fue _con gloria, mucho más_ es _con gloria lo que permanece._"

Aquí Pablo tiene algunas cosas que decir extremadamente negativas sobre el Antiguo Pacto. Él mata. Pero el Nuevo Pacto porque incluye el regalo del Espíritu ¡da vida! Note el modo en el que Pablo compra los dos Pactos: el Antiguo mata, el Nuevo da vida. El Antiguo vino con gloria, el Nuevo es _más_ glorioso. El Antiguo es glorioso, el Nuevo tiene una gloria que lo _sobrepasa_. El Antiguo es transitorio, ¡el Nuevo es permanente!

Romanos 6:14—"_Porque el pecado no tendrá dominio sobre vosotros, pues no estáis bajo la ley sino bajo la gracia._"

Este versículo impresiona al lector cuidadoso como una sorpresa. En los versículos anteriores del capítulo 6 Pablo ha venido hablando sobre cómo aquellos unidos a Cristo han muerto al pecado. Después de los primeros trece versículos esperaríamos que Pablo nos dijera que ya no estamos bajo el pecado sino bajo la gracia. El hecho de que mencione la Ley es sorprendente a primera vista. Debemos recordar que para

Pablo la Ley es parte de la antigua era como veremos abajo. Los cristianos del Nuevo Pacto no están bajo la época de la Ley del Antiguo Pacto, sino que ahora están bajo la época de gracia del Nuevo Pacto inaugurada por Cristo mismo.

Romanos 7:4-6 — *"Por tanto, hermanos míos, también a vosotros se os hizo morir a la ley por medio del cuerpo de Cristo, para que seáis unidos a otro, a aquel que resucitó de entre los muertos, a fin de que llevemos fruto para Dios. Porque mientras estábamos en la carne, las pasiones pecaminosas despertadas por la ley, actuaban en los miembros de nuestro cuerpo a fin de llevar fruto para muerte. Pero ahora hemos quedado libres de la ley, habiendo muerto a lo que nos ataba, de modo que sirvamos en la novedad del Espíritu y no en el arcaísmo de la letra."*

Los cristianos del Nuevo Pacto han muerto a la ley (Gal. 2:19) No estamos más atados a la Ley de Moisés, sino que ahora "somos unidos a otro." Estoy es muy similar a lo que Pablo dijo en 1 Corintios 9:20-21. No estamos más bajo la Ley sino que somos "parientes del Mesías." ¡Le pertenecemos a Él! Hemos sido liberados de la Ley del Antiguo Pacto. Estar atados a la letra escrita (la Ley) era el antiguo camino. Ahora servimos a Dios en el nuevo camino del Espíritu.

Gálatas 3:23-25 — *"Y antes de venir la fe, estábamos encerrados bajo la ley, confinados para la fe que había de ser revelada. De manera que la ley ha venido a ser nuestro ayo para conducirnos a Cristo, a fin de que seamos justificados por la fe. Pero ahora que ha venido la fe, ya no estamos bajo ayo."*

Pablo usa una palabra importante aquí que tenemos que entender si queremos comprender su punto. Él dice que antes de que la nueva era ("fe") viniera los judíos fueron puestos en custodia. Fueron encerrados. La ley era su "ayo" (*pai-*

gagōgos) hasta que el Mesías trajo el Nuevo Pacto. La palabra que Pablo usa como "ayo" se traduciría mejor "niñera." [6] En el primer siglo el "tutor" (ayo) era diferente del profesor (*didaskalos*). El "tutor" era un sirviente doméstico que cuidaba del niño y se encargaba de que cumpliera sus responsabilidades. Uno de los deberes del "tutor" era llevar el niño al "profesor." Una vez el niño llegara a la madurez el "tutor" no era necesitado. El punto de Pablo es que el "tutor" es temporal. La Ley era nuestro "ayo" *hasta* que el Mesías viniera (Gal. 3:19, 23, 24; 4:2. Ahora que el Mesías ha inaugurado la nueva era no estamos más bajo el cuidado de una niñera.

Hebreos 8:6-13— *"Pero ahora Él ha obtenido un ministerio tanto mejor, por cuanto es también el mediador de un mejor pacto, establecido sobre mejores promesas. Pues si aquel primer pacto hubiera sido sin defecto, no se hubiera buscado lugar para el segundo. Porque reprochándolos, Él dice:* MIRAD QUE VIENEN DÍAS, DICE EL SEÑOR, EN QUE ESTABLECERÉ UN NUEVO PACTO CON LA CASA DE ISRAEL Y CON LA CASA DE JUDÁ; NO COMO EL PACTO QUE HICE CON SUS PADRES EL DÍA QUE LOS TOME DE LA MANO PARA SACARLOS DE LA TIERRA DE EGIPTO; PORQUE NO PERMANECIERON EN MI PACTO, Y YO ME DESENTENDÍ DE ELLOS, DICE EL SEÑOR. PORQUE ESTE ES EL PACTO QUE YO HARÉ CON LA CASA DE ISRAEL DESPUÉS DE AQUELLOS DÍAS, DICE EL SEÑOR: PONDRÉ MIS LEYES EN LA MENTE DE ELLOS, Y LAS ESCRIBIRÉ SOBRE SUS CORAZONES. Y YO SERÉ SU DIOS, Y ELLOS SERÁN MI PUEBLO. Y NINGUNO DE ELLOS ENSEÑARA A SU CONCIUDADANO NI NINGUNO A SU HERMANO, DICIENDO: "CONOCE AL SEÑOR", PORQUE TODOS ME CONOCERÁN, DESDE EL MENOR HASTA EL MAYOR DE ELLOS. PUES TENDRÉ MISERICORDIA DE SUS INIQUIDADES, Y NUNCA MÁS ME ACORDARE DE SUS PECADOS. *Cuando Él dijo: Un nuevo pacto, hizo anticuado al primero; y lo que se hace anticuado y envejece, está próximo a desaparecer.*

Este pasaje contiene la cita más larga del Antiguo Testamento que aparece en el Nuevo Testamento. Es claro que el Nuevo reemplazará el Antiguo Pacto. Es también claro que el autor de Hebreos ve este Nuevo Pacto como habiendo siendo establecido en el primer siglo. Es claro que la iglesia es la que se beneficia el Nuevo Pacto.

Algunos teólogos del Pacto ven el Nuevo Pacto como un Pacto *renovado*. Para mantener su sistema teológico de continuidad intacto ellos dicen que todos los pactos son simplemente nuevas administraciones del antiguo pacto de gracia de Génesis 3,[7] pero si dejamos que la Biblia fije el programa *tendremos* que concluir que el Nuevo Pacto no es simplemente renovado. Es radicalmente *nuevo*. El Espíritu Santo a través de Jeremías dice que este Nuevo Pacto *no sería* como el Antiguo Pacto (Jer. 31:32).[8]

Vieja era/Nueva era

Desde la perspectiva del Nuevo Testamento la historia puede ser estructurada en dos épocas: la presente y la por venir (Mt. 12:32; Lc. 18:30; Ef. 1:21; Gal. 1:4). La gente judía antes de Cristo pensaba que el Mesías vendría y daría comienzo a la era por venir. Esta época estaría caracterizada por el perdón completo (Jer. 31), el derramamiento universal del Espíritu (Jl. 2; Is. 32, 44) y la resurrección (Dn. 12:2; Ez. 37). Lo que ellos no esperaban era un hombre que se levantará en medio de la historia. Ellos no se dieron cuenta que el Mesías vendría en medio de la historia y abriría el paso a la era por venir *en medio de* la era malvada actual. Comenzando con la muerte y resurrección del Mesías y el derramamiento del Espíritu la nueva era había empezado. En 1 Corintios

10:11 Pablo escribe "Estas cosas les sucedieron como ejemplo, y fueron escritas como enseñanza para nosotros, para quienes ha llegado el fin de los siglos." A través de Cristo y del Espíritu el futuro de Dios ha invadido el presente. A través de la Cruz y la resurrección Jesús rescató a su pueblo de la era malvada actual (Gal. 1:4)

Esta estructura de dos eras es fundamental para el entendimiento de casi todo el Nuevo Testamento. Este es el sustento para los contrastes de los escritos de Pablo: carne/Espíritu, letra/Espíritu, Adán/último Adán, Ley/gracia, pecado/justicia, Ley/fe, esclavitud/libertad, muerte/resurrección, Ley/Evangelio, inutilidad/esperanza, decadencia/renovación, ira/adopción, etc.[9] Desde la perspectiva de Pablo la Ley del Antiguo Pacto está en el lado de la vieja era en la ecuación vieja era/nueva era. Adán, Ley y carne son *viejos* mientras que último Adán, Espíritu y justicia son *nuevos.* Como se notó previamente así es como Pablo puede decir en Romanos 6:14 que ya no estamos más bajo la ley sino bajo la gracia. Él pudo simplemente haber dicho que ya no estamos bajo la vieja era, sino que estamos bajo la nueva.

Este es el problema central que Pablo estaba tratando en la carta a los Gálatas. Los judaizantes necesitaban "cambiarse las pilas" estaban confundidos sobre en qué tiempo estaban en el plan de Dios. Para usar los términos del líder anabaptista Pilgram Marpeck, estaban confundiendo el ayer con el hoy. [10] Por eso Pablo empieza y termina su carta a los Gálatas como lo hace. El abre la carta en el 1:4 diciendo que Jesús nos libró del *presente siglo malvado* (pudo haber dicho vieja creación) y cierra nombrando la *nueva creación* (pudo haber dicho nueva era) en el 6:15. La Ley es parte de la vieja era. ¡La alabanza sea a Cristo! No estamos más bajo la ley. O como diría Philip Bliss en su himno clásico "Libre de la ley, ¡oh feliz condición!"

Capítulo 4:
La Ley es una unidad

Otro aspecto esencial de la Teología del Nuevo Pacto es su visión de la Ley del Antiguo Pacto como una unidad. Es un paquete con todo incluido. Otro modo de describirlo es decir que la Ley está ligada al Pacto en que fue dada Uno no puede separar los mandamientos del Pacto al que pertenecen.

Siguiendo a Juan Calvino quien siguió a Tomás de Aquino, la Teología del Pacto divide famosamente la Ley en tres categorías históricamente llamadas la división tripartita de la Ley: moral, ceremonial y civil. Dependiendo del tipo de Teología del Pacto que usted esté hablando muchos dirían que los aspectos ceremoniales y civiles de la Ley han sido abolidos con la venida de Cristo, pero que los cristianos del Nuevo Pacto todavía están ligados a los aspectos morales de la Ley. De acuerdo a este punto de vista la Ley moral se resume en los Diez Mandamientos (el Decálogo).

Mientras nosotros estamos de acuerdo en que *algunos* versículos pueden ser seguramente clasificados como morales, ceremoniales o civiles, encontramos de poca ayuda y más importante aún no bíblico hacerlo. Alguien busca en vano alguna evidencia bíblica para esas clasificaciones, además *todo* lo que Dios manda es *moral* en el sentido en que hubiera sido inmoral para un Israelita desobedecer *cualquier* mandamiento de Dios sin importar su "clasificación." Los judíos y cristianos del primer siglo veían la Ley como unidad. Aquí de nuevo tenemos que tener cuidado de dejar que el texto dirija nuestra agenda. Queremos tomar nuestra teología *del* texto no imponer nuestra teología en el texto. Con su división en tres partes de la Ley creemos que los defensores de la Teología del Pacto han impuesto una reja hecha por el hombre al texto de la Escritura para hacerla encajar en su sistema teológico.

Si dejamos atrás nuestras presuposiciones teológicas veremos en la Escritura que la Ley es una unidad. En Gálatas 5:3 Pablo escribe "Y otra vez testifico a todo hombre que se circuncida, que está obligado a cumplir *toda* la ley." (énfasis añadido). Santiago 2:10 dice "Porque cualquiera que guarda toda la ley, pero tropieza en un *punto*, se ha hecho culpable de *todos*." (énfasis añadido). Hebreos 7:11-12 es muy importante para este punto, el autor escribe "Ahora bien, si la perfección era por medio del sacerdocio levítico (pues sobre esa base recibió el pueblo la ley), ¿qué necesidad *había* de que se levantara otro sacerdote según el orden de Melquisedec, y no designado según el orden de Aarón? Porque cuando se cambia el sacerdocio, necesariamente ocurre también un cambio de la ley." El autor de Hebreos también vio la Ley como un paquete. Él dijo que la ley establecía el sacerdocio. Los dos son inseparables.

Él está haciendo el punto que el sacerdocio ha cambiado con la venida de Cristo, y "cuando cambia el sacerdocio, también tiene que cambiarse la ley." (NVI).[11] Los teólogos del Nuevo Pacto no están inventando su teología, sino que están buscando dejar que la Biblia sea la que informe su teología.

También aprendemos que la Ley y el Pacto son un paquete de la llegada misma de la Ley. Primero consideremos la estructura de la Ley en Éxodo:

- Éxodo 19—Introducción histórica
- Éxodo 20—Las diez palabras (lo que conocemos como los Diez Mandamientos)
- Éxodo 21-23—Las ordenanzas
- Éxodo 24— La ceremonia del Pacto

Éxodo 20:1 introduce las diez "palabras" y después señala lo que ahora podemos llamar los Diez Mandamientos. Después en Éxodo 21:1 Moisés empieza a señalar las "reglas" en los capítulos 21:23. Así que tenemos la introducción histórica, las palabras, las reglas y la ceremonia del Pacto. Lo que es importante para nuestros propósitos es cómo habla Moisés de lo que nosotros conocemos ahora como estos "capítulos." Recuerde que Moisés no tenía los separadores por capítulo. Éxodo 24:3 dice "Y Moisés vino y contó al pueblo todas las palabras del SEÑOR y todas las ordenanzas; y todo el pueblo respondió a una voz, y dijo: Haremos todas las palabras que el SEÑOR ha dicho." Note lo que la Biblia dice aquí. Moisés le contó al pueblo todas las *palabras y ordenanzas (reglas)* del Señor. Para nosotros esto significa todo el capítulo 20 y los capítulos 21-23. Algunos versículos después estas palaras y ordenanzas son llamadas "El libro del Pacto" (Ex. 24:7). El libro del Pacto consta de las diez palabras *y de las ordenanzas.* Todas pertenecen juntas. La ley va con el pacto. Todo es una unidad.

Capítulo 5:
Los cristianos no están bajo la Ley de Moisés, sino bajo La 'Ley' de Cristo

Hemos visto que el pueblo de Dios no está más ligado a la Ley de Moisés. Los teólogos del Pacto dicen que los creyentes no están más ligados a las partes ceremoniales y civiles de la Ley, pero que seguimos ligados a la Ley moral que se resume en los Diez Mandamientos. Como ya hemos visto uno no puede sacar los Diez Mandamientos del Pacto y hacerlos una Ley moral eterna que trascienda el Pacto en que fueron dados. Además el Nuevo Testamento enseña claramente que ya no estamos sujetados al mandamiento del Sabbat, el cual es el cuarto de los Diez Mandamientos. Si Pablo pensó que los cristianos del Nuevo Pacto estaban obligados a obedecer el Sabbat cree que hubiera dicho "Uno juzga que un día es superior a otro, otro juzga *iguales* todos los días. Cada cual esté plenamente convencido según su propio sentir" (Rom 14:5). ¡Pablo es un relativista del Sabbat! Él dice esté convencido según su propio sentir sobre el asunto. Esto está muy lejos de "Acuérdate del día de reposo [Sabbat] para santificarlo" (Ex. 20:8). ¿Recuerda el hombre que fue apedreado por recoger madera el Sabbat? Claramente los tiempos han cambiado en el Nuevo Pacto.

En Colosenses 2:16-17 él escribió "Por tanto, que nadie se constituya en vuestro juez con respecto a comida o bebida, o en cuanto a día de fiesta, o luna nueva, o día de reposo [Sabbat]; cosas que *sólo* son sombra de lo que ha de venir, pero el cuerpo pertenece a Cristo." ¡Cristo vino! La realidad está aquí. Ya no somos esclavos de los rudimentos del mundo (¡que incluían guardar el Sabbat!, Gal. 4:8-11) El Sabbat apuntaba al descanso de la salvación que ahora encontramos en Cristo (vea He. 3-4). Interesantemente la palabra que Pablo usa en Colosenses 2 para sombra (*skia*) es usada por el autor de Hebreos cuando escribe "la ley *sólo* tiene la sombra de los bienes futuros" (10:1).

Si los cristianos ya no están atados a la Ley de Moisés ¿somos libres de vivir como queramos? ¿No produce esta posición un vivir mundano ya que la "Ley de Dios" no está para rendirnos cuentas? Como diría Pablo "¡De ninguna manera! En todo caso la Teología del Nuevo Pacto trata de buscar una vida recta. Considere las varias declaraciones de Jesús en el sermón del monte: Habéis oído que se dijo a los antepasados: "No mataras" y: "Cualquiera que cometa homicidio será culpable ante la corte." Pero yo os digo que todo aquel que esté enojado con su hermano será culpable ante la corte. (Mat. 5:21-22); Habéis oído que se dijo: "No cometerás adulterio." Pero yo os digo que todo el que mire a una mujer para codiciarla ya cometió adulterio con ella en su corazón. (Mat. 5:27-28).

Eso quiere decir que sí *estamos* bajo la "Ley de Dios." La pregunta es "¿En qué consiste la Ley de Dios en el Nuevo Pacto? Primera de Corintios 9:20-21 nos ayuda a responder esta pregunta. Yo solía decir que este versículo era la razón por la que me apegaba a la Teología del Nuevo Pacto ya que, en mi opinión, La Teología del Nuevo Pacto es la única que hace lo justo con este pasaje, pero ahora me encuentro diciendo lo mismo sobre varios pasajes de la Escritura. El pasaje dice:

> *A los judíos me hice como judío, para ganar a los judíos; a los que están bajo la ley, como bajo la ley (aunque yo no estoy bajo la ley) para ganar a los que están bajo la ley; a los que están sin ley, como sin ley (aunque no estoy sin la ley de Dios, sino bajo la ley de Cristo) para ganar a los que están sin ley.*

Como lo notamos anteriormente hay tres grupos de personas aquí: aquellos bajo la ley (judíos), aquellos sin ley (gentiles) y aquellos bajo la Ley de Dios (cristianos). Pablo claramente se ve en la tercera posición. Él es cristiano, uno que está ligado a la Ley al estar "bajo la Ley de Cristo" (*ennomos Christou*). Los cristianos no están bajo la Ley del Antiguo Pacto, sino que estén "sin ley" no significa que estemos ahora sin Ley porque ahora estamos la Ley de Cristo del Nuevo Pacto. Aprendemos la misma verdad unos capítulos antes en 1 Corintios 7:19 "La circuncisión nada es, y nada es la incircuncisión, sino el guardar los mandamientos de Dios." ¡Claramente ya no estamos bajo la Ley de Moisés porque la Ley de Moisés demandaba circuncisión! Aquí Pablo dice que la circuncisión no importa. Todo lo que importa es guardar los mandamientos de Dios. Debido a que los mandamientos de Dios ya no incluyen la circuncisión Pablo debe referirse a la Ley de Cristo, como lo hace un par de capítulos después en 1 Corintios 9.

Así que ya no estamos bajo la Ley Mosaica, pero eso no significa que ahora estamos sin Ley. No, todavía estamos ligados a la Ley de Dios –que ahora significa estar ligados a Jesús (bajo la Ley de Cristo)-. Ahora "le pertenecemos a otro" (Rom. 7:4). Vemos a Jesús nuestro Rey. Él nos muestra cómo vivir de una modo que agrade a Dios.

Pablo usa un lenguaje similar en Gálatas 6:2. Ahí él dice "Llevad los unos las cargas de los otros, y cumplid así la ley de Cristo." ¿Qué quiere decir Pablo por "la Ley de Cristo" o literalmente "la Ley el Mesías" (*ton nomon tou Christou*)? Hay realmente dos opciones: Es o la Ley de Moisés o algo diferente. Prácticamente todos los 30 usos anteriores de "ley" (*nomos*) en Gálatas se refiere a la Ley Mosaica. Siendo este el caso debemos tener una buena razón para decir que esta *no* es una referencia a la Ley Mosaica, y la tenemos, aquí hay tres razones:

Primero, hay muchas referencias negativas a la ley en los primeros cinco capítulos de Gálatas:

2:16— *"el hombre no es justificado por las obras de la ley... para que seamos justificados por la fe en Cristo, y no por las obras de la ley; puesto que por las obras de la ley nadie será justificado."*

2:19— *"Pues mediante la ley yo morí a la ley"*

2:21— *"si la justicia viene por medio de la ley, entonces Cristo murió en vano."*

3:2— *"¿recibisteis el Espíritu por las obras de la ley, o por el oír con fe?"*

3:10— *"Porque todos los que son de las obras de la ley están bajo maldición,"*

3:11— *"Y que nadie es justificado ante Dios por la ley es evidente"*

3:12— *"Sin embargo, la ley no es de fe;"*

3:13— *"Cristo nos redimió de la maldición de la ley,"*

3:18— *"Porque si la herencia depende de la ley, ya no depende de una promesa;"*

3:21b— *"Porque si se hubiera dado una ley capaz de impartir vida, entonces la justicia ciertamente hubiera dependido de la ley."*

3:23 — "*Y antes de venir la fe, estábamos encerrados bajo la ley, confinados para la fe que había de ser revelada.*"

3:24 — "*De manera que la ley ha venido a ser nuestro ayo para conducirnos a Cristo,*"

4:5 — *Dios envió a su hijo para que "redimiera a los que estaban bajo la ley"*

5:4 — "*De Cristo os habéis separado, vosotros que procuráis ser justificados por la ley;*"

5:18 — "*Pero si sois guiados por el Espíritu, no estáis bajo la ley.*"

5:23 — "*contra tales cosas [el fruto del Espíritu] no hay ley.*"

Antes de Gálatas capítulo 6 Cristo y la Ley eran presentados como una gran oposición. Sólo en Gálatas 6:2 están los dos usados juntos positivamente. Este hecho sugiere que Pablo estaba pensando en *otra* "ley" aquí.

Segundo, Pablo añade dos palabras extremadamente importantes a la palabra *ley: ¡"de Cristo"* (*tou Christou*)! Pablo tiene en mente algo diferente a la Ley de Moisés aquí. Él está pensando en una ley diferente: la Ley de Cristo.

Tercero, vimos en 1 Corintios 9:19-21 que la Ley de Cristo es algo distinto a la Ley de Moisés. Recuerde que aquí Pablo distingue claramente la Ley de Moisés de la Ley de Dios. Después el defina la ley de cristo como estando "bajo la Ley de Cristo" (*ennomos Christou*). En otras palabras, alguien que cumple la voluntad de Dios sin colocarse bajo la Ley de Moisés, sino estando bajo la jurisdicción de Jesús.

Estos tres puntos me llevan a creer que Pablo está pensando diferente como "ley" en Gálatas 6:2, pero ¿qué exactamente? Yo sugiero que él está usando un juego de palabras irónico y retórico aquí, como lo hace con fe y "obra" en Gálatas 5:6: "Porque en Cristo Jesús ni la circuncisión ni la incircuncisión significan nada, sino la fe que obra por amor."[12] A lo largo de la carta Pablo también ha *contrastado* fe y obras, pero después llegando al final dice que todo lo que importa es que la fe "obre." Pablo es muy inteligente. Esta no es la única vez que Pablo ha usado la palabra "ley" metafóricamente. Considere los siguientes ejemplos:

Gálatas 5:23—*"contra tales cosas [el fruto del Espíritu no hay ley."*

Romanos 3:27—*"¿Dónde está, pues, la jactancia? Queda excluida. ¿Por cuál ley? ¿La de las obras? No, sino por la ley de la fe."*

Romanos 7:23—*"pero veo otra ley en los miembros de mi cuerpo que hace guerra contra la ley de mi mente, y me hace prisionero de la ley del pecado que está en mis miembros."*

Romanos 7:25—*"Así que yo mismo, por un lado, con la mente sirvo a la ley de Dios, pero por el otro, con la carne, a la ley del pecado."*

Romanos 8:2—*"Porque la ley del Espíritu de vida en Cristo Jesús te ha libertado de la ley del pecado y de la muerte."*

Es verdad que Pablo normalmente tiene la Ley-Pacto Mosaico en mente cuando usa la palabra *ley* (*nomos*), pero no siempre. Los Gálatas querían estar bajo la "Ley" así que Pablo se los garantizó. En Gálatas 6:2 Pablo inteligentemente utiliza la frase "Ley de Cristo" para referirse al patrón de Cristo. ¿Qué es esa Ley o patrón?

Él ya nos ha mostrado este patrón en la carta a los Gálatas. Estamos llamados a cargar las cargas de los otros y de esta manera cumplir el "patrón" de Cristo. Pablo ha presentado a Cristo como el último portador de las cargas. Sus lectores pudieron haber visto eso ya en la carta:

Gálatas 1:3-4—*"Gracia a vosotros y paz de parte de Dios nuestro Padre y del Señor Jesucristo, que se dio a sí mismo por nuestros pecados para librarnos de este presente siglo malo, conforme a la voluntad de nuestro Dios y Padre,*

Gálatas 2:20—*"Con Cristo he sido crucificado, y ya no soy yo el que vive, sino que Cristo vive en mí; y la vida que ahora vivo en la carne, la vivo por fe en el Hijo de Dios, el cual me amó y se entregó a sí mismo por mí."*

Gálatas 3:13-14—*"Cristo nos redimió de la maldición de la ley, habiéndose hecho maldición por nosotros (porque escrito está: Maldito todo el que cuelga de un madero), a fin de que en Cristo Jesús la bendición de Abraham viniera a los gentiles, para que recibiéramos la promesa del Espíritu mediante la fe."*

Gálatas 4:4-5—*"Pero cuando vino la plenitud del tiempo, Dios envió a su Hijo, nacido de mujer, nacido bajo la ley, a fin de que redimiera a los que estaban bajo la ley, para que recibiéramos la adopción de hijos"*

Note el patrón: Jesús se da a sí mismo por el bien de otros. Se entrega a sí mismo para seamos perdonados y liberados de este presente siglo malo. Nos amó entregándose a sí mismo por nosotros. Se convirtió en maldición para que fuéramos redimidos de la maldición y que recibiéramos la promesa del Espíritu. Fue enviado a redimirnos para que pudiéramos recibir adopción. Se dio a sí mismo por nuestro bien. Esta es su "Ley", su patrón.

Así que siendo justos con el hecho de que Pablo está usando un juego de palabras con la palabra "ley" aquí en Gálatas 6:2, una mejor traducción podría ser "principio básico"[13] o "principio regulativo" o "estructura de existencia"[14] o "patrón normativo."[15] "Ley" podría también ser traducida "principio fundamental" ya que su amor de auto-darse y portar-cargas es vista como la esencia de lo que trata Cristo. Esta es la "Torá" del Mesías. Es su instrucción. Es la "manera de Jesús" (Rom 15:3, 7). Esta es la "mentalidad de Jesús" (Fil. 2:5)

Es un patrón de amor auto-esclavizante. En Gálatas 5:13 Pablo nos exhorta a volvernos esclavos los unos de los otros en amor. Irónicamente usamos nuestra libertad como oportunidad para convertirnos en siervos (esclavos) de otros. Somos sirvientes. Ponemos las necesidades de los demás por encima de las nuestras. Nos entregamos a nosotros mismos por el bien de los demás. Esto es lo mismo que dice Pablo en Filipenses 2:3-8:

> *Nada hagáis por egoísmo o por vanagloria, sino que con actitud humilde cada uno de vosotros considere al otro como más importante que a sí mismo, no buscando cada uno sus propios intereses, sino más bien los intereses de los demás. Haya, pues, en vosotros esta actitud que hubo también en Cristo Jesús, el cual, aunque existía en forma de Dios, no consideró el ser igual a Dios como algo a qué aferrarse, sino que se despojó a sí mismo tomando forma de siervo, haciéndose semejante a los hombres. Y hallándose en forma de hombre, se humilló a sí mismo, haciéndose obediente hasta la muerte, y muerte de cruz.,*

Debemos darnos por el bien de otros. Los ponemos primero así como Jesús nos puso primero al hacerse humano y morir en la Cruz. El no vino a ser servido, sino a servir.

Los cristianos del Nuevo Pacto no están bajo la Ley de Moisés, sino bajo la Ley de Cristo. Esto significa que no somos primariamente Ley, ¡sino amor! Pero de Gálatas 5:14 leemos que este amor *cumple* la ley. Ese versículo dice "Porque toda la ley en una palabra se cumple en el *precepto*: AMARÁS A TU PRÓJIMO COMO A TI MISMO." Esta es exactamente la enseñanza de Jesús, en Mateo 7:12 Él dijo:

"Por eso, todo cuanto queráis que os hagan los hombres, así también haced vosotros con ellos, porque esta es la ley y los profetas." En Mateo 22:40 Él dijo: "De estos dos mandamientos [amar a Dios y a tu prójimo] dependen toda la ley y los profetas." Pablo también enseña que el amor cumple la Ley en Romanos 13:10: "por tanto, el amor es el cumplimiento de la ley." Por medio del Espíritu y la Cruz nuestro amor por el otro realiza a lo que la Ley siempre apuntó y requería.

Este amor "cruciforme" (en forma de Cruz) está en el centro de la ética del Nuevo Pacto. Uno encuentra este llamado a amar por todo el Nuevo Testamento. Considere algunos de estos pasajes y note el patrón:

> Efesios 5:2— *"y andad en amor, así como también Cristo os amó y se dio a sí mismo por nosotros, ofrenda y sacrificio a Dios, como fragante aroma."*

> 2 Corintios 8:9— *"Porque conocéis la gracia de nuestro Señor Jesucristo, que siendo rico, sin embargo por amor a vosotros se hizo pobre, para que vosotros por medio de su pobreza llegarais a ser ricos."*

> Juan 13:14-15— *"Pues si yo, el Señor y el Maestro, os lavé los pies, vosotros también debéis lavaros los pies unos a otros. Porque os he dado ejemplo, para que como yo os he hecho, vosotros también hagáis."*

> Juan 13:34— *"Un mandamiento nuevo os doy: que os améis los unos a los otros; que como yo os he amado, así también os améis los unos a los otros."*

> Romanos 15:2-3a— *"Cada uno de nosotros agrade a su prójimo en lo que es bueno para su edificación. Pues ni aun Cristo se agradó a sí mismo;"*

1 Corintios 10:32-11:1— *"No seáis motivo de tropiezo ni a judíos, ni a griegos, ni a la iglesia de Dios; así como también yo procuro agradar a todos en todo, no buscando mi propio beneficio, sino el de muchos, para que sean salvos."*

Es claro que el centro de la Ley de Cristo es el amor en forma de Cruz, pero hay más en la ética del Nuevo Pacto que el amor. También incluye las enseñanzas de Jesús y sus apóstoles. *La ley de Cristo puede ser definida como esos principios prescriptivos propuestos del ejemplo y las enseñanzas de Jesús y sus apóstoles (siendo la demanda central el amor), que tienen el propósito de ser practicadas en diferentes situaciones y por la influencia guiadora y la capacitación del Espíritu Santo.*[16]

El Dispensacionalismo se parece a la Teología del Nuevo Pacto cuando se trata de la ética del Nuevo Pacto. La Teología del Pacto, por el otro lado, puede ser descrita como "centrada en la ley." Ellos nos harían ir a Cristo por justificación (nuestra posición recta ante Dios) y a la Ley por santificación (nuestro crecer en la madurez cristiana). La Teología del Pacto puede ser descrita como "conducida por el Espíritu y Cristocéntrica." El imperativo principal del Nuevo Pacto es "Andad por el Espíritu" (Gal. 5:16). Hay una gran libertad en el Nuevo Pacto. Debemos ser transformados por la renovación de la mente (Rom. 12:1-2; cf. Fil. 1:9-11; Col. 1:9-10). Esto obviamente no implica que no se necesitan mandamientos externos. ¡Lejos de eso! Recuerde que en 1 Corintios 7:19 Pablo dice que la única cosa que cuenta es guardar los mandamientos de Dios, pero debemos ver los mandamientos externos y vías de entrenamiento. Estos son necesarios para mantenernos en la línea, pero son diferentes al motor. El motor es el Evangelio de gracia, el poder del Espíritu y el ejemplo de Jesús.

Capítulo 6:
Todos los miembros de la comunidad del Nuevo Pacto son totalmente perdonados y tienen el Espíritu Santo

Tanto la Teología del Pacto como el Dispensacionalismo estarán de acuerdo con la Teología del Nuevo Pacto en que todos los cristianos del Nuevo Pacto son totalmente perdonados de sus pecados, así que no tomaremos mucho tiempo para explicar este punto. Esta es la clara enseñanza de la promesa del Nuevo Pacto en Jeremías: "perdonaré su maldad, y no recordaré más su pecado."(Jer. 31:34). Perdonar e pasivo, pero "no recordar" es activo ¡gloria a Dios!

Sin embargo la Teología del Nuevo Pacto difiere de la Teología del Pacto en cómo entiende Jeremías cuando dice que en la comunidad del Nuevo Pacto "no tendrán que enseñar más cada uno a su prójimo y cada cual a su hermano, diciendo: "Conoce al SEÑOR", porque todos me conocerán, desde el más pequeño de ellos hasta el más grande —declara el SEÑOR—. " La Teología del Nuevo Pacto cree que *todos* en la comunidad del Nuevo Pacto *conocen* al Señor. Todos en la comunidad del Nuevo Pacto son *creyentes*. La teología del pacto comúnmente cree que la comunidad del Nuevo Pacto consta de creyentes y sus hijos no regenerados.

Anterior a su gran promesa del Nuevo Pacto, Jeremías escribe el siguiente proverbio: "En aquellos días no dirán más: "Los padres comieron uvas agrias, y los dientes de los hijos tienen dentera", sino que cada cual por su propia iniquidad morirá; los dientes de todo hombre que coma uvas agrias tendrán dentera" (Jer. 31:29-30). Jeremías se refiere a la naturaleza "trivial" del Antiguo Pacto.[17] Bajo el Antiguo Pacto el conocimiento de Dios por parte del pueblo dependía en gran manera a líderes especiales. Como iban los líderes así iba el pueblo

El Nuevo Pacto no tendría esta estructura "trivial." La estructura entera del Pacto sería remplazada por una nueva. La comunidad del Antiguo Pacto era una comunidad "mixta" que consistía tanto de creyentes genuinos como de no creyentes. El Espíritu en el Antiguo Pacto era dado sólo *selectiva* y *temporalmente,* más que todo a líderes designados (profetas, sacerdotes y reyes). Por ejemplo, Dios llama a Bezaleel y lo llena de su Espíritu para permitirle ayudar a construir el tabernáculo y todos sus elementos (Ex. 31:2; 35:31; 36:1; cf. Hiram en 1 Reyes 7:14). Esto no quiere decir que el Espíritu de Dios nunca operó sobre el remanente del Antiguo Pacto. Dios equipó al remanente de Israel para confiar en sus promesas del Pacto, pero ellos no estaban *habitados* por el Espíritu de Dios.

No obstante, en el Nuevo pacto *todos* conocerán al Señor. Como escribe James Hamilton "Bajo el Nuevo Pacto Dios no tendría una tribu de sacerdotes ministrando el resto de su pueblo, sino que su pueblo entero sería un reino de sacerdotes (Ex. 19:6; 1 Pd. 2:9; Ap. 1:6)." [18] A diferencia del Antiguo Pacto *todos* en el Nuevo Pacto están habitados por el Espíritu Santo. Moisés esperaba por el día en el que todos tendrían el regalo del Espíritu. Números 11:29 dice "Pero Moisés le dijo: ¿Tienes celos por causa mía? ¡Ojalá todo el pueblo del Señor fuera profeta, que el SEÑOR pusiera su Espíritu sobre ellos!" Las Escrituras del Antiguo Testamento están repletas de promesas de un día en el que vendría el Rey ungido por el Espíritu que derramaría el Espíritu en abundancia. La nueva era mesiánica serpia la era del Espíritu. Considere los siguientes pasajes:

Ezequiel 11:19 — *"Yo les daré un solo corazón y pondré un espíritu nuevo dentro de ellos. Y quitaré de su carne el corazón de piedra y les daré un corazón de carne,"*

Ezequiel 36:25-27 — *"'Entonces os rociaré con agua limpia y quedaréis limpios; de todas vuestras inmundicias y de todos vuestros ídolos os limpiaré. 'Además, os daré un corazón nuevo y pondré un espíritu nuevo dentro de vosotros; quitaré de vuestra carne el corazón de piedra y os daré un corazón de carne. 'Pondré dentro de vosotros mi espíritu y haré que andéis en mis estatutos, y que cumpláis cuidadosamente mis ordenanzas."*

Isaías 32:14-17 — *"Porque el palacio ha sido abandonado, hecha un desierto la populosa ciudad. Collado y atalaya se han convertido en cuevas para siempre, un deleite para asnos monteses, un pasto para rebaños; hasta que se derrame sobre nosotros el Espíritu desde lo alto, el desierto se convierta en campo fértil y el campo fértil sea considerado como bosque. En el desierto morará el derecho, y la justicia habitará en el campo fértil. La obra de la justicia será paz, y el servicio de la justicia, tranquilidad y confianza para siempre."*

Isaías 44:3 — *"Porque derramaré agua sobre la tierra sedienta, y torrentes sobre la tierra seca; derramaré mi Espíritu sobre tu posteridad, y mi bendición sobre tus descendientes."*

Joel 2:28-29— *"Y sucederá que después de esto, derramaré mi Espíritu sobre toda carne; y vuestros hijos y vuestras hijas profetizarán, vuestros ancianos soñarán sueños, vuestros jóvenes verán visiones. Y aun sobre los siervos y las siervas derramaré mi Espíritu en esos días."*

Estas promesas llegaron a su auge en Pentecostés y no antes. El Espíritu es el regalo de los últimos días. Pentecostés abrió una nueva escena en la historia redentora. Sabemos esto de unas palabras importantes en el Evangelio de Juan. En Juan 7:39 Juan escribió "Pero Él decía esto del Espíritu, que los que habían creído en Él habían de recibir; porque el Espíritu no había *sido dado* todavía, pues Jesús aún no había sido glorificado." En Juan 14:17 Jesús dice que sabemos que sus discípulos conocen el Espíritu "porque mora con vosotros y estará en vosotros." En Juan 15:26 Jesús dice que enviará (tiempo futuro) el Consolador a los discípulos. Juan 16:7 dice "Pero yo os digo la verdad: os conviene que yo me vaya; porque si no me voy, el Consolador no vendrá a vosotros; pero si me voy, os lo enviaré." Estas palabras son importantes y de gran de ayuda. De acuerdo a Jesús y Juan el Espíritu no había sido derramado todavía. Los discípulos todavía no estaban habitados por el Espíritu. El habitar del Espíritu no vino sino hasta Pentecostés.

El Nuevo Pacto fue inaugurado con la vida, muerte y resurrección de Jesús, el derramamiento del Espíritu en pentecostés y la destrucción de Jerusalén en el 70 d. C. Jesús y el autor de Hebreos aplican la gran promesa del Nuevo Pacto a la iglesia. Hebreos 8 cita la promesa completa y luego añade "Cuando Él dijo: Un nuevo *pacto*, hizo anticuado al primero; y lo que se hace anticuado y envejece, está próximo a desaparecer." (8:13).

Hay obvias implicaciones para el ministerio de la iglesia local sobre lo que hemos dicho hasta ahora. Sólo *creyentes* de Jesús deben ser bautizados. La comunidad del Nuevo Pacto consiste solamente de aquellos que están habitados por el Espíritu. La iglesia debe ser una iglesia de *creyentes*, no hay ningún precedente bíblico para tener una comunidad mixta de creyentes y no creyentes en la iglesia del Nuevo Pacto. Todos son totalmente perdonados y están habitados por el Espíritu de Dios.

Capítulo 7:
La Iglesia es el
Israel Escatológico

Yo sé que está diciendo "La Iglesia es el Israel Escatoló-¿qué?" Escatología es generalmente entendida como el estudio de los tiempos finales (o últimas cosas), así que cuando la Teología del Nuevo Pacto dice que la iglesia es el Israel escatológico estamos diciendo que la iglesia es el último tiempo de Israel. El Dispensacionalismo enseña que Israel y la iglesia son dos pueblos separados, mientras que la Teología del Nuevo Pacto enseña que la iglesia es la continuación de Israel por medio de Jesucristo. Algunas veces la Teología del Nuevo Pacto es acusada de ser una "teología de reemplazo", sin embargo esto es injusto. La Teología del Nuevo Pacto no enseña que la iglesia reemplaza a Israel, sino que la iglesia es el *cumplimiento* de Israel en virtud de su unión con el Mesías judío. Como hemos visto *todas* las promesas de Dios son sí en Cristo Jesús (2 Cor. 1:20). No es que Israel iguale a la iglesia, como enseña la Teología del Pacto, sino que Jesús es el clímax y el cumplimiento de Israel, y la iglesia es el último tiempo de Israel *porque está unida a Cristo Jesús, su cabeza del pacto*. La Teología del Nuevo Pacto es fuertemente Cristocéntrica. Jesús es la clave interpretativa de la relación entre Israel y la iglesia. El pueblo del Pacto de Dios ha sido reconstruido y redefinido a la luz del Mesías y el Nuevo Pacto que inauguró.

El Dispensacionalismo insiste que Dios debe cumplir su promesa a la nación de Israel, pero lo que normalmente no se dice es que Dios hizo esas promesas a un Israel *fiel;* Y sólo hay un verdadero Israelita fiel: Jesús de Nazaret. Él trae la historia de Israel a su clímax intencionado. Esto es enseñado a través del Nuevo Testamento. El apóstol Pablo nos dice específicamente que la semilla de Abraham es singular (Gal. 3:16). Mateo empieza con las Palabras "Libro de la genealogía de Jesucristo, hijo de David, hijo de Abraham." En Mateo vemos un Génesis "El libro del génesis" (1:1 *biblos geneseōs*), un Éxodo: "De Egipto llamé a mi Hijo" (2:15), un pasar por medio de las aguas (3:13-17), tentaciones en el desierto (4:1-11), un Deuteronomio en los capítulos 5-7 con Jesús dando su instrucción (o "ley") desde el monte (5:1), seguido por un ministerio real y profético, un exilio (la Cruz), y finalmente la restauración (la resurrección de Jesús).[19] Jesús resume la historia de Israel. Todo apuntaba hacia Él.

En la era del Nuevo Pacto todos los que están unidos al Israelita fiel son ahora israelitas. El apóstol Pablo es claro en cuanto a esto. Ya que los oponentes con los que trata en la carta a los Gálatas estaban enseñando que los gentiles deben vivir como judíos, Pablo se esfuerza por mostrar que el judío y el gentil son iguales. Gálatas 3:7 dice "Por consiguiente, sabed que los que son de fe, éstos son hijos de Abraham." Los "hijos de Abraham" es otra forma de referirse a Israel. Pablo dice que aquellos que son de fe, ellos son Israel. Unos versículos después en Gálatas 3:16 leemos "Ahora bien, las promesas fueron hechas a Abraham y a su descendencia. No dice: y a las descendencias, como *refiriéndose* a muchas, sino *más bien* a una: y a tu descendencia, es decir, Cristo." Jesús es la descendencia de Abraham. En Gálatas 3:28-29 leemos "No hay judío ni griego; no hay esclavo ni libre; no hay hombre ni mujer; porque todos sois uno en Cristo Jesús. Y si sois de Cristo, entonces sois descendencia de Abraham, herederos según la promesa." (cf. Rom. 4:11-12, 16). ¿Quiénes, de acuerdo a este versículo, son los hijos de Abraham? Son aquellos que "son de Cristo." Si está unido a Cristo, el Mesías de Israel, entonces usted es parte de la familia israelita. No hay más judío y griego, sino que todos son uno en Cristo. Gálatas 6:15-16 dice "Para nada cuenta estar o no estar circuncidados; lo que importa es ser parte de una nueva creación. Paz y misericordia desciendan sobre todos los que siguen esta norma, y sobre el Israel de Dios" (NVI). La regla de la nueva creación es que ni la circuncisión ni la incircuncisión significan algo. En otras palabras, ya no hay distinciones étnicas. Pablo entonces desea paz y misericordia a todos los que siguen la regla de la nueva creación, es decir, el Israel de Dios. Basados en el contexto inmediato y la carta entera es claro que Pablo se refiere a los cristianos del Nuevo Pacto (la iglesia) cuando dice "el Israel de Dios."

Estos versículos no pueden pasarse de largo. Aunque no los tratemos. Filipenses 3:2-3 dice "Cuidaos de los perros, cuidaos de los malos obreros, cuidaos de la falsa circuncisión; porque nosotros somos la *verdadera* circuncisión, que adoramos en el Espíritu de Dios y nos gloriamos en Cristo Jesús, no poniendo la confianza en la carne," Pablo claramente está hablando de los judaizantes (aquellos judíos que intentaban forzar a los gentiles a vivir como judíos [vea Gal. 2:14]). Los cristianos son la verdadera circuncisión, aquellos que adoran por el Espíritu, se glorían en Cristo y no ponen su confianza en la carne. El "nosotros" de Pablo incluye los gentiles filipenses. Decir que los cristianos del Nuevo Pacto son la circuncisión es decir que a iglesia es Israel (en virtud de estar unida al Mesías). Juan escribe que el Verbo "A lo suyo vino, y los suyos no le recibieron. Pero a todos los que le recibieron, les dio el derecho de llegar a ser hijos de Dios, *es decir*, a los que creen en su nombre" (Juan 1:11-12). La nación judía rechazó su Mesías, pero ahora todos los que le reciben (judíos o gentiles) les da el derecho de ser llamados hijos de Dios, su pueblo del Pacto. En Mateo Jesús les dice a los principales sacerdotes y fariseos que "el reino de Dios os será quitado y será dado a una nación que produzca sus frutos." (Mat. 21:43; cf. Mat 8:11-12; Ap. 2:9, 3:9). La etnia ya no importa. [20]

Romanos 2:28-29 también es importante: "Porque no es judío el que lo es exteriormente, ni la circuncisión es la externa, en la carne; sino que es judío el que lo es interiormente, y la circuncisión es la del corazón, por el Espíritu, no por la letra; la alabanza del cual no procede de los hombres, sino de Dios." Ser un judío en la actualidad no tiene nada que ver con el exterior. Un judío es alguien interiormente por medio de la obra del Espíritu. El Espíritu circuncida los corazones de todos los que confían en Jesús sin importar su etnia.

Efesios 2 es un texto clásico de la unidad de los judíos y gentiles en la nueva era. El pasaje dice:

> *Recordad, pues, que en otro tiempo vosotros los gentiles en la carne, llamados incircuncisión por la tal llamada circuncisión, hecha por manos en la carne, recordad que en ese tiempo estabais separados de Cristo, excluidos de la ciudadanía de Israel, extraños a los pactos de la promesa, sin tener esperanza, y sin Dios en el mundo. Pero ahora en Cristo Jesús, vosotros, que en otro tiempo estabais lejos, habéis sido acercados por la sangre de Cristo. Porque El mismo es nuestra paz, quien de ambos pueblos hizo uno, derribando la pared intermedia de*

separación, aboliendo en su carne la enemistad, la ley de los mandamientos expresados en ordenanzas, para crear en sí mismo de los dos un nuevo hombre, estableciendo así la paz, y para reconciliar con Dios a los dos en un cuerpo por medio de la cruz, habiendo dado muerte en ella a la enemistad. Y vino y anuncio paz a vosotros que estabais lejos, y paz a los que estaban cerca; porque por medio de El los unos y los otros tenemos nuestra entrada al Padre en un mismo Espíritu. Así pues, ya no sois extraños ni extranjeros, sino que sois conciudadanos de los santos y sois de la familia de Dios, edificados sobre el fundamento de los apóstoles y profetas, siendo Cristo Jesús mismo la piedra angular, en quien todo el edificio, bien ajustado, va creciendo para ser un templo santo en el Señor, en quien también vosotros sois juntamente edificados para morada de Dios en el Espíritu.

Los gentiles estuvieron una vez separados, extranjeros, apartados, pero ahora, gracias a la Cruz, han sido traídos a cercanía. Jesús ha creado *una nueva humanidad* de las dos. Ahora tanto los judíos como los gentiles tienen acceso. Ambos son conciudadanos y ambos miembro del *mismo* hogar de Dios. Efesios 3:6 dice que los gentiles son ahora coherederos, miembros del *mismo* cuerpo, y ahora son *igualmente* participantes de la *promesa* en Cristo. Me parece que sólo una ceguera teológica puede retener a alguien de ver la claridad de estos versículos.

Los autores del Nuevo Testamento también aplicaron muchos de los títulos de Israel a la iglesia. La iglesia es llamada los santos de Dios, el pueblo escogido de Dios (Col. 3:12), sacerdocio santo (1 Pd. 2:5), linaje escogido, real sacerdocio, nación santa, pueblo adquirido para posesión de Dios (1 Pd. 2:9). La iglesia es el Israel escatológico en virtud de su unión con el Mesías de Israel.[21]

Conclusión

Jesucristo es el centro del universo. Dios se ha revelado a través del tiempo y la última revelación de Dios es el Señor Cristo Jesús. Ahora todo es diferente. Toda la historia debe ser vista a la luz del Mesías de Israel. La Teología del Nuevo Pacto toma 2 Corintios 1:20 con absoluta seriedad: "Pues tantas como sean las promesas de Dios, en El *todas* son sí; por eso también por medio de Él, Amén, para la gloria de Dios por medio de nosotros." Espero este pequeño libro lo haya ayudado a entenderlo claramente. Hay muchos, muchos creyentes buenos y piadosos que sustentan la Teología del Pacto y el Dispensacionalismo. Yo mismo he aprendido mucho de ellos. Como mencioné en la introducción este no es un "asunto doctrinal primordial" como la Trinidad, la Deidad de Cristo, o la exclusividad de la salvación en Cristo, pero es importante ya que tiene parte en varios otros. Inclusive si no está totalmente convencido de la Teología del Nuevo Pacto espero y oro que se esfuerce por poner a Cristo central en todas las cosas. ¡A Él sea la gloria por los siglos de los siglos! Amén.

SOLI DEO GLORIA!

Lectura Recomendada

Blomberg, Craig, "The Sabbath as Fulfilled in Christ" in *Perspectives on the Sabbath: 4 Views* ed. Christopher John Donato. Nashville: B&H Academic, 2011, 305-58. Este es un capítulo de 50 páginas sobre el Sabbat. Es el mejor lugar para empezar en mi opinión. Blomberg la llama "la visión del cumplimiento."

Carson, D.A. *From Sabbath to Lord's Day.* Eugene, OR: Wipf and Stock Publishers, 1982. Una colección de ensayos bíblicos, históricos y teológicos sobre el Sabbat. No es una lectura fácil, pero es el estándar en lo que me concierne respecto a la pregunta del Sabbat. Una lectura cuidadosa de este libro producirá un defensor de la Teología del Nuevo Pacto.

The First London Confession of Faith 1646 Edition With An Appendix by Benjamin Cox. Belton, TX: Sovereign Grace Ministries, 2004. Esta confesión tiene un énfasis distinto del "Nuevo Pacto" a diferencia de la segunda confesión londinense de 1689, que es prácticamente una adaptación bautista de la confesión de fe Westminster.

Klassen, William. *Covenant and Community.* Grand Rapids: Eerdmans, 1968. Este es un libro sobre la hermenéutica del líder anabaptista Pilgram Marpeck. Él une el canon de la misma forma que la Teología del Nuevo Pacto.

Meyer, Jason. *The End of the Law.* Nashville: B&H Academic, 2009. Este es básicamente un comentario de todos los textos clave que tratan con la posición de Pablo en cuanto la Ley. Técnico, pero claro y magnífico. El Dr. Meyer no usa la etiqueta Teología del Nuevo Pacto.

Moo, Douglas. "The Law of Christ as the Fulfillment of the Law of Moses: A Modified Lutheran View." In *Five Views on Law and Gospel.* Grand Rapids: Zondervan, 1996. Oí que Moo se llamo un individuo de la Teología del Nuevo Pacto en una charla recientemente. Moo es de mucha, mucha ayuda. ¡Este ensayo es fundamental!

_____. "The Law of Moses or the Law of Christ." In *Continuity and Discontinuity*. Wheaton, IL: Crossway, 1988. Otro capítulo fundamental para la conversación de la Teología del Nuevo Pacto.

Reisinger, John. *Abraham's Four Seeds*. Frederick, MD: New Covenant Media, 1998. Esta fue la primera pieza de Teología del Nuevo Pacto que leí, así que lleva un lugar especial en mi mente y corazón. John muestra las debilidades de tanto la Teología del Pacto como el Dispensacionalismo examinando críticamente sus presuposiciones.

_____. *But I Say Unto You*. Frederick, MD: New Covenant Media, 2006. Una exposición de Mateo 5 y sus implicaciones.

_____. *In Defense of Jesus, the New Lawgiver*. Frederick, MD: New Covenant Media: 2008. Esta es una cuidadosa respuesta al libro de Richard Barcellos *In Defense of the Decalogue: A Critique of New Covenant Theology*.

Schreiner, Thomas R. *40 Questions About Christians and Biblical Law*. Grand Rapids: Kregel, 2010. Un maravilloso libro de 230 páginas sobre las nociones básicas de la ley. Claro y accesible.

_____. *Galatians*. ZECNT. Grand Rapids: Zondervan, 2010. El Dr. Schreiner es mi erudito favorito del Nuevo Testamento. Realmente recomiendo esta lectura. Gálatas es un libro muy importante para la Teología del Nuevo Pacto y dejar que el Dr. Schreiner lo guíe por ella lo beneficiará grandemente.

Thielman, Frank. *The Law and the New Testament*. New York: A Herder and Herder Book, 1989. El Dr. Thielman es un erudito presbiteriano del Nuevo Testamento, pero es un gran exégeta. Este es un buen pequeño libro sobre una pregunta compleja. Normalmente llamó a Thielman un Teólogo del Nuevo Pacto, pero estoy seguro que él lo rechazaría. No estoy seguro de cómo su exegesis en este libro encaja con la confesión de fe Westminster.

White, A. Blake. *The Law of Christ: A Theological Proposal.* Frederick, MD: New Covenant Media, 2010. Un estudio de ética del Nuevo Pacto

_____. *The Newness of the New Covenant.* Frederick, MD: New Covenant Media, 2008. Todo los antiguos Pactos encuentran su cumplimiento en el Nuevo Pacto y es radicalmente *Nuevo*, no sólo renovado.

Wells, Tom. *The Priority of Jesus Christ.* Frederick, MD: New Covenant Media, 2005. Este libro explica por qué "los cristianos deben voltear a Cristo primero."

Wellum, Stephen J. "Baptism and the Relationship between the Covenants." In *Believer's Baptism: Sign of the New Covenant in Christ.* Edited by Thomas R. Schreiner and Shawn D. Wright. Nashville: B&H Academic, 2006, 97-161. Este es un capítulo lleno de los pequeños avances de la Teología del Pacto, especialmente el bautismo. Este capítulo justifica el costo del libro.

Zaspel, Fred and Tom Wells. *New Covenant Theology.* Frederick, MD: New Covenant Media, 2002). Esta es una descripción, definición y defensa de la Teología del Nuevo Pacto. De mucha ayuda.

Zens, Jon. "This is My Beloved Son, Hear Him!" *Searching Together* 25:1-3 (Summer-Winter 1997). Una maravilloso folleto sobre ética y eclesiología del Nuevo Pacto por uno de los primeros pensadores de la Teología del Nuevo Pacto.

Notas finales

1 Me parece a mí que tanto el amileniarismo, el premileniarismo histórico y el postmileniarismo tienen cabida en la mesa de la Teología del Nuevo Pacto. El premileniarismo Dispensacionalista tiene una mesa propia.

2 Efesios 2:12; Romanos 9:4; Gálatas 4:24.

3 Los anabaptistas fueron excelentes en este punto. Vea William Klassen *Covenant and Community* (Grand Rapids: Eerdmans, 1968), 42, 44, 109, 110, 119, 123, 181; William Estep, *The Anabaptist Story*, 3rd ed. rev (Grand Rapids: Eerdmans,1996), 22, 42, 97, 126, 192, 194, 196, 226; *Anabaptism in Outline*, ed. William Klassen (Scottsdale, PA: 1981), 154, 156.

4 Vea Charles C. Ryrie, *Dispensationalism Today* (Chicago: Moody Publishers, 2007), 46-47. Él escribe que la distinción entre la iglesia y Israel es "la prueba teológica más básica para saber si una persona es o no es Dispensacionalista," 46.

5 Christopher J.H. Wright, *Knowing Jesus Through the Old Testament* (Downers Grove, IL: IVP Academic, 1992), 71. G.K. Beale aplica la misma analogía en *The Temple and the Church's Mission* (Downers Grove, IL: IVP, 2004), 291. Gracias Greg Van Court por señalarme que esta analogía no venía originalmente de Beale.

6 Vea Douglas J. Moo, "The Law of Christ as the Fulfillment of the Law of Moses: A Modified Lutheran View," in *Five Views on Law and Gospel* ed. Stanley N. Gundry, (Grand Rapids: Zondervan, 1999), 338; Thomas R. Schreiner, *Galatians* (Grand Rapids: Zondervan, 2010), 238, 248, 255, 397; N.T. Wright, *Paul* (Minneapolis: Fortress, 2009), 97.

7 Vea *The Westminster Confession of Faith* Chapter VII.

8 Juan Calvino, el padre de la fe reformada contradice directamente a Jeremías cuando escribe "el pacto hecho con todos los patriarcas es tan igual al nuestro en sustancia y realidad que los dos son uno y el mismo," Institutes of the Christian Religion 2.10.2, ed. John T. McNeill, trans. Ford Lewis Battles, *Library of Christian Classics*, vols.

20-21 (Philadelphia: Westminster, 1960; Reissued, Louisville, KY: Westminster John Knox Press, 2006), 429.

9 Como lo pone Douglas Moo, "Con Cristo como el clímax de la historia, entonces la historia puede ser dividida en dos 'eras' o 'aeons' cada cual con su propio fundados (Adán y Cristo respectivamente) y cada uno con sus propios poderes gobernantes (el pecado, la Ley y la muerte en un lado; la justicia, la gracia y el Espíritu en el otro)." en *Romans* NICNT (Grand Rapids: Eerdmans, 1996), 26. Similarmente Geerhardus Vos escribe, "Es seguro asumir que mucho más que todo esto contó el molde escatológico en el cual el pensamiento de los apóstoles hubo sido expulsado de su largamente derivada estructura antitética, como exhibida en las antítesis del primer Adán y el último Adán, pecado y justicia, la carne y el Espíritu, Ley y fe. Y estas son precisamente reflexiones históricas de una gran antítesis trascendental entre este mundo y el mundo por venir." in *The Pauline Eschatology* (Phillipsburg, NJ: P&R, 1994), 60-61. Vea también Jason Meyer, *The End of the Law* (Nashville: B&H Academic, 2009), 54-61.

10 Pilgram Marpeck, "Preface to the Explanation of the Testaments," en *The Writings of Pilgram Marpeck*, ed. William Klassen y Walter Klaassen (Eugene, OR: Wipf and Stock, 1999), 559.

11 La ESV (ingles) traduce Hebreos 7:12 "Porque cuando hay un cambio en el sacerdocio, es necesario un cambio en la ley también"(también la RVS y la NRSV). Las palabras para cambio (*metatithemenēs*), sacerdocio (*hierōsunes*) y ley (*nomou*) están en caso genitivo, no en caso dativo. Un cambio *en la ley* es una mala traducción. Un cambio *de ley* es correcto. Gary Long escribe "No hay razón para usar la partícula dativa *'en'* para traducir el v. 12. Al hacerlo da espacio para entender que el cambio en el sacerdocio y en la ley fue sólo un cambio en la ley *ceremonial* y que la ley *moral* continúa, más bien significa un cambio en la Ley de Moisés. Tal entendimiento está basado en una división en tres partes de la administración de la Ley de Dios en el Antiguo Pacto: moral, ceremonial y civil (judicial). Pero la Biblia no enseña tal separación," en *Biblical Law and Ethics* (Frederick, MD: New Covenant Media, 2008), 54 note 58.

12 Richard Hays, "Christology and Ethics in Galatians: The Law of Christ," CBQ 49.1 (Jan 1987), 275.

13 David G. Horrell, *Solidarity and Difference* (New York: T & T Clark International, 2005), 230.

14 Hays, "Christology and Ethics in Galatians: The Law of Christ," 276, 286.

15 Horrell, *Solidarity and Difference*, 230.

16 He modificado las definiciones de Ley de Cristo dadar por Douglas J. Moo en "The Law of Christ as the Fulfillment of the Law of Moses: A Modified Lutheran View," 343, 357, 361, 368-69 and Richard Longenecker in *Galatians* (Dallas: Word, 1990), 275-76.

17 D.A. Carson calls the old covenant "tribal" in *Showing the Spirit* (Grand Rapids: Baker Books, 1987), 151. Estoy en deuda con él por esta sección.

18 James M. Hamilton, Jr., *God's Indwelling Presence* (Nashville: B&H Academic, 2006), 45.

19 N.T. Wright, *The New Testament and the People of God* (Minneapolis: Fortress, 1992), 402.

20 Los Dispensacionalistas usan Romanos 11 para argumentar que la etnia todavía importa y que Dios tiene un plan diferente en el futuro para la nación de Israel. Una examinación detallada de este capítulo esta fuera del alcance de este pequeño libro, sin primero añadir que leo el capítulo de una forma diferente. Pablo parece estar preocupado exclusivamente con la situación presente, no con la futura. Note los indicadores de tiempo: En el versículo 1 el pregunta si Dios ha [actualmente] rechazado su pueblo y después se utiliza a él mismo como una ilustración de que Dios no ha rechazado por completo a Israel. En el versículo 5 leemos "Y de la misma manera, también ha quedado en el tiempo *presente* un remanente" (énfasis mío). En los versículos 13-14 Pablo escribe: "Pero a vosotros hablo, gentiles. Entonces, puesto que yo soy apóstol de los gentiles, honro mi ministerio [presente], si en alguna manera puedo causar celos a mis compatriotas y salvar a algunos de ellos [¡hoy!]" (mis adiciones). Isaías 59:20 es citado en Romanos 11:26-27 y es usualmente interpretado a referirse a la segunda venida de Cristo, sin embargo esta es una promesa del Nue-

vo Pacto ("Y este es mi pacto con ellos, cuando yo quite sus pecados"). El pasaje de Isaías es citado para referirse a la primera venida del "Liberador", no a su retorno. Este pasaje aplica a la configuración del ministerio actual de Pablo, no a un evento lejano en el futuro. Los versículos 30-32 confirman esto "Pues así como vosotros en otro tiempo fuisteis desobedientes a Dios, pero *ahora* se os ha mostrado misericordia por razón de la desobediencia de ellos, así también *ahora* éstos han sido desobedientes, para que por la misericordia mostrada a vosotros, también a ellos *ahora* les sea mostrada misericordia. Porque Dios ha encerrado a todos en desobediencia para mostrar misericordia a todos" (énfasis mío). Si usted está interesado en seguir la línea interpretative de Romanos 11 a profundidad vea O. Palmer Robertson, "Is there a Distinctive Future for Ethnic Israel in Romans 11?," in *Perspectives on Evangelical Theology* edited by Kenneth S. Kantzer and Stanley N. Gundry (Grand Rapids: Baker Books, 1979), 209-227. Robertson has slightly modified his view of "all Israel" in *The Israel of God* (Phillipsburg, NJ: P&R, 2000). See also Ben L. Merkle, "Romans 11 and the Future of Ethnic Israel," JETS 43.4 (December 2000): 709-21; Lee Irons, "Paul's Theology of Israel's Future: A Non-Millennial Interpretation of Romans 11," Reformation and Revival 6:2 (1997): 101-24; Eckhard J. Schnabel, "Israel, the People of God, and the Nations," JETS 45.1 (March 2002): 35-57; N.T. Wright, "Christ, the Law and the People of God: the Problem of Romans 9-11," in *The Climax of the Covenant* (Minneapolis: Fortress, 1993), 231-57; Anthony Hoekema, *The Bible and the Future* (Grand Rapids: Eerdmans, 1979), 139-47. Para aquellos Teólogos del Nuevo Pacto que ven un avivamiento en masa futuro de "todo" Israel, es importante resaltar que esos judíos deben confiar en Cristo y serán añadidos a la iglesia cuando se conviertan, del mismo modo que los gentiles.

21 Debe ser señalado de nuevo que las implicaciones del resultado de este capítulo resulta en una "iglesia de creyentes." Si la iglesia consiste de aquellos que están unidos a Cristo, entonces la iglesia solo consiste de creyentes porque uno está unido a Cristo por la fe. El Israel escatológico consiste de Cristo y sus hijos. Jesús no tiene nietos.

Made in the USA
Charleston, SC
25 February 2014